秘密結社の世界史

海野弘 著
黃靜儀 譯

秘密結社の世界史——目錄

序章——祕密結社的世界

何謂祕密結社

提到「祕密結社」（secret society），總是令人既興奮又刺激，但又含著些許恐怖不安。就像若隱若現的幽靈，飄忽不定，令人難以捉摸。

首先，就從字面上來探究其義。英語的secret這個字，sec-表示脫離、隱藏，或也可解釋成斷裂。將我們共同看到的事物，抽離部分將之隱藏，就是祕密（secret）。secession（分離、退出）也是由這個字根形成。十九世紀末，奧地利及德國等年輕藝術家反對傳統學院派的理論，另組成了分離派（Secession），或許也可算是祕密結社的一種。

更進一步來說，secret一字中，-cre-這個部分衍生了crisis（危機）、critic（批評）等字彙，意即在某個局面（危機）中做出批評、辨識、揀選。

換言之，secret這個字，表示在面臨某個危機之際，脫離共同的場域與認知，隱藏於他處。那是一種退出公共團體的行爲，從那團體中消失無蹤。因而受到團體的責難、被視爲異端，並且被要求那分離隱藏的部分重新回到共同的組織中。

表示分離的封閉集團詞彙中，有一字是sect。sec-仍然表分離之意。Sect則是派別，特別常用來指宗教教派。

然而宗教性的派系有時也稱爲cult，尤其多指新興宗教的祕密結社。cult可譯作祭典、儀式、崇拜、信仰等。而cult與culture（文化）有相同字根。culture來自於cultivate（耕作）一字，兩者現今意義相差甚大。也許cultivate是culture的一部分，但總而言之，「祕密結社」與sect及cult在意義上有重疊之處。

容易與cult混淆的是occult（超自然）一字。occult與cult是由完全不同的字根形成，據說hall（會館）與occult是同一字根，這一點倒是令人驚訝。兩者的字根皆是kel（隱藏），k是h或c的轉化，kel-衍生成hall或hell（地獄）、cell（小牢房、細胞）等字。都是指隱密的場所（房屋、洞穴），hell是亡者隱沒之處。occult的-cul-也是kel的轉化，意味著隱而未現的事物、神祕未解的知識。

如以上所述，secret society是一個分離、隱密的社會，與sect及cult在意義上有重疊之處，和 occult（隱蔽、神祕知識）相關連。

祕密結社的分類

事實上，祕密結社有各種不同的形態，界線模糊不易分類。最常見的分類，是如謝夫．尤丹（Serge Hutin）在《祕密結社》❶中所使用的二分法，分爲政治性祕密結社與入會性祕密結社。

政治性的祕密結社，抱持推翻統治者或政府等政治性目的。因其活動受到禁止，必須保密，參加者的姓名也不能公開。諸如法國大革命時的雅各賓黨（club des Jacobins），及俄國革命時期的布爾什維克黨（Bolsheviks），皆屬此類型的祕密結社。

政治性的祕密結社，在達到其政治性的目標後，就會終止結社的運作。

而所謂的入會性的祕密結社，十分重視入會儀式的意義。通過入會儀式成爲會員，意義重大。在最初的入會儀式之後，還有更高階的入會儀式在等著，其中隱含了

❶セルジュ・ユタン『祕密結社』小関藤一郎譯，文庫クセジュ，白水社，一九七二。

每個階段循序漸進的意義，如共濟會（Freemason）即爲其中典型。

依謝夫尤丹的說法，入會性的祕密結社若未遭到迫害，該社並不會隱藏起來，僅有儀式的部分，以未公開的祕密方式進行。

這種二分法雖然是一般常見的分類方法，但總讓人無法完全認同。因爲政治是一種目的，入會（儀社）則是方法，兩者並非相對立的關係，也不足成爲分類的共同基準。在此以幾個不同的圖示來思考。

首先，想像一個縱軸，上端是「祕密」，下端爲「公開」。祕密結社的「祕密」程度深淺不一，分別落在這兩端之間的任一位置。換言之，「祕密」即爲封閉（closed），「公開」則爲敞開（open）。

接下來，再想像一個橫軸，其兩端分別爲「我」與「我們」。「我」代表內在、精神層面的世界，「我們」則是對外的、社會性、現實的世界。兩軸相交後如圖所示。然後再區分爲I、II、III、IV四個象限，依據該圖形來探討祕密結社。第I象限，關係著個人、精神的層面，隱密性極高。一些祕密性的新興宗教即屬此類型。

第II象限，雖然也屬於個人的、內在的世界，但呈開放形態。例如藝術或學術流派等，即屬於該象限。雖然作品以公開方式呈現，但就創作而言，並非完全沒有「祕密」。

第III象限，是指開放性社會團體、組織。幾乎包括了所有協會、工會等一般團體，其中以運動俱樂部或團隊爲最典型的例子。但是，棒球隊中也並非全無「祕密」。運動團體中有許多規章，也有入會儀式。此外在一些傳統的團體中，也有許多不爲人知的內規。

即使如此，第III象限，仍算是最爲公開、社會性高，隱密性最淡薄的一區。

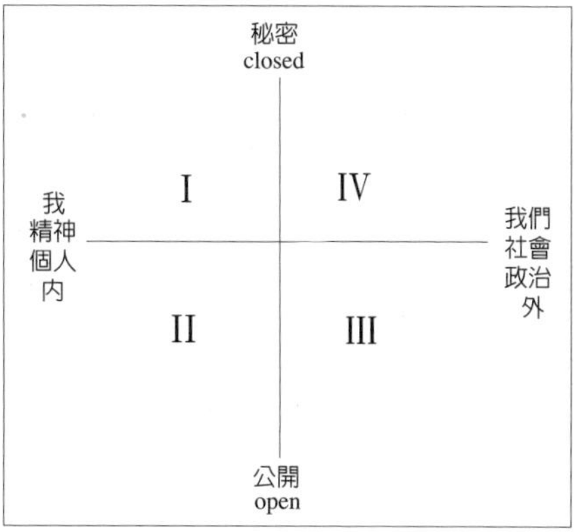

第IV象限，傾向社會性、政治性，並且具極強烈的隱密性。一般所謂的政社性結社大多是屬於這個象限。

以上的分類與分佈圖示，都只是一個概略性的定位。每一個結社都會因情勢變化，而影響其「祕密」的輪廓，無法歸在單一的象限中。因爲一個結社往往會同時跨越數個象限，同時也移動不定。

祕密結社的時代

雖然祕密結社存在於每一個時代，但似乎在某些時代祕密尤其橫行，而祕密結社也特別盛行。如前所述，祕密結社屬於分離、隱敝的性質，所以當時代動盪不安、失去統一、四分五裂，或面臨危機時，祕密結社就會流行起來。當人們不再有共同的認知時，就會出現大組織瓦解、小組織分裂的情形。尤其在古代王朝、文藝復興、十八世紀、十九世紀末等幾個過渡期、變革時期中，祕密結社似乎就格外增加。

在此介紹一本書，雖然年代久遠，但至今一直是研究祕密結社歷史的基本文獻，即赫克森所寫的《全世界各個時代的祕密結社》❷。一八七五年出版後改版，於一八九七年出了完整版。而我手上的是複製版。這本書中關於祕密結社史的資料，其詳盡的程度還沒有別的書籍可以媲美。

赫克森將祕密結社分爲以下七類：

一、宗教性——如古代埃及或依洛西斯（Eleusia）祕儀。

二、軍事性——聖殿騎士團。

三、法律性──聖菲美（Femerüge）團。

四、科學性──鍊金術師。

五、人民性──共濟會。

六、政治性──燒炭黨。

七、反社會性──格爾德尼亞斯。

但是，赫克森表示，這些分類因爲最後相互混雜，只能算是粗略的區分。說到底，這些結社還是以宗教性結社與政治性結社爲主。

如前所述，現代的分類方式主要爲二分法，爲入會性（宗教性）結社與政治性結社，或者再加上犯罪性結社（如黑手黨）的三分法。但都只是相對性的分類方式。

到了十九世紀末，赫克森將祕密結社定位爲過去法術時代的遺物，在講究科學、邏輯的近代已失去了存在的必要。他認爲祕密結社的時代已經結束，所有的過程都已成爲歷史。

---

❷ Heckethorn, Charles William, *Secret Societies of All Ages and Countries*, Kessinger Publishing, 1977.

但是過了一個世紀之後，從現在看來可知，赫克森的預測是錯誤的。他認爲在現代社會中，人們不再需要宗教性的祕密結社；而政治性的祕密結社，只殘存在某些發展落後的國家。然而進入二十世紀，這兩者非但沒有消失，反而在世界各地更加活躍起來。

恐怖組織等政治性祕密結社的猖獗橫行不待多言；原本應該消失的宗教性結社，也化身爲新興宗教，帶來社會性的威脅。

赫克森提出了祕密結社的三個根源：權力的帝國、財富的崇拜、神靈信仰。這個觀點非常精闢，唯因認爲在進入現代化後，人類會因科學、邏輯化而脫離這三大幻影的假說，使他的預測未能成眞。

當大英帝國及俄羅斯帝國不復存在後，美國這個新帝國出現了；財富的競爭也更擴及全球，而對於網路與虛擬世界這神祕力量的信仰，較之過去尤有甚之。因爲這三大根源未曾消失，祕密結社也持續地存在著。

現代的祕密結社

爲什麼現代會有祕密結社？祕密結社形成於人們共同的認知產生危機之際。當常識變得破碎、分裂，我們失去了與社會的連結，就會逃往小型團體尋求所需。

「祕密」在現代社會中，發展成什麼形態呢？一般認爲現代社會中的兩個趨勢是形成「祕密」的主因。一是視覺文化（visual culture），另一個則是網際網路。這兩大趨勢促成了現代的「祕密」無止盡地擴大。我們雖然可以從網路看到全世界，然而那只不過是無限世界的一小部分而已。雖然可見的部分還在擴大著，實際上它的背後，還有數倍是我們見不到的部分，並且仍不斷延伸至無邊無際。

視覺文化是十九世紀中葉以後，由照片等視覺媒體興起所帶來的產物。因視覺性文化異常地發達，形成了顯現的表面與隱藏的背後（即「祕密」）雙重現象。而視覺文化，亦可謂以外顯的面具來隱藏隱蔽之事物。

網際網路連結了全球的資訊。然而在與天涯海角的人們相繫之際，卻無緣與鄰座的人相識。行動電話帶來了極大的方便，我們可以與遠處的人交談，卻與電車中並肩而坐的人之間隔著無限遙遠的距離。

我們藉著網路或報紙、雜誌，和世界上其他人以幾乎同步的速度接收資訊。但是這些都是刻意操作下所呈現出的部分表象。當我們愈是仔細探究，就會愈發現其背後隱藏著一些事物，並燃起一股衝動想要一探其中的「祕密」。於是心中開始懷疑，或許這個世界，原本就是由一個看不見的世界政府、世界性祕密結社的陰謀所控制。

視覺文化與網際網路將所有的事物連結於現今這個時代，或許，「歷史」將遭到解體。所有的事物皆呈現於「現代」這個平面螢幕上，不分遠古、中世或現代。最後，無論是凱爾特人（Celt）或督依德教（Druidism）、薔薇十字、光明會這些過去令人聞之色變的祕密結社，如今將一躍重生於現代舞台，以虛擬遊戲的姿態復活。

歷史上所有的祕密結社聯合出場於現代舞台，我們處在一個百鬼夜行的奇異時代中。十九世紀末，赫克森回顧全世界每一個時代的祕密結社，認為一切終將隱沒於歷史中。然而結果卻完全相反，過去的這些祕密全都回到現代。而我將於本書匯集歸納這些歷史性的觀點，或許，沉睡的惡靈也將因此悠然而醒。

第一章 古代

古代祕儀宗教

依洛西斯的祕密儀式

宗教性祕密結社的起源，據說是古代祕儀宗教，亦即有祕密儀式的宗教。祕密儀式在希臘文是misterion，英文爲mystery。

宗教有分爲祕教與公教二部分。從字意上可清楚知道，可以規範爲教義典章的稱爲公教。但是在有文字以前，或是一些無法以文字來呈現的，即爲祕教。愈是原始的宗教，祕教的成份就愈大。而幾乎所有的原始宗教都屬於祕教性質。

希臘古代的祕密儀式中最著名的是依洛西斯祕儀，在阿提卡（Attiki）一個名爲依洛西斯的地方舉行。主要的神是狄米特（Demeter）與她的女兒波塞芬妮（Persephone）。在希臘神話中，狄米特的女兒波塞芬妮被冥府之王黑帝士（Hades）所擄，四處尋找女兒的狄米特悲傷無助地走到依洛西斯。狄米特原來是豐收女神，她悲憤之下令大地陷入一片荒蕪。眾神於是要求黑帝士馬上將波塞芬妮歸還給狄米特。遍地荒野才又恢復了生機。

據說這個神話融合了農耕儀式的起源、亡者之神及其妻的故事。除了死亡與重生，也看到了農耕帶來了每年週而復始的豐收。

依洛西斯人之後被外來的希臘人（雅典人）所征服。而他們似乎仍然暗中維繫著在希臘時代之前的農耕祭祀。

依洛西斯祕密儀式，是在每年的九月到十月，沒有月亮的夜裡進行。這段時間，正值收割完插秧前，大地一片荒涼的時期。人們就在這段休耕期參加依洛西斯夜晚的祕密儀式。關於這個夜晚的儀式，也不可對外說出。而據說這個儀式的奧祕，是不對外傳授的。最主要因為它的祕密無法用語言來傳述。所謂的祕儀，無法以言語傳述，所以只能夠在現場親身感受。

前來依洛西斯參加儀式的人們，聚集在一起跳舞、高聲歡呼。接下來有人來報告：波塞芬妮被擄走了！大家一邊哀嘆，一邊揮動起火把，四處尋找。不久又有人說：找到波塞芬妮了！他們又開始歡樂地跳舞歌唱。默西亞·埃里亞德（Mircea Eliade）在《生與重生——入會儀式的宗教性意義》❶中提到：

「這個祕密儀式中的傳授者並沒有領會到什麼新的事物。他非常熟悉這個神話，但不表示他能教導眞正稱之爲祕儀的事物。但是他示範儀式的動作，朝見聖物。」

希臘文化的祕密儀式

西元前三世紀，亞歷山大帝國興起，結束了希臘城邦國家的時代，進入了希臘化（Hellenism）時代。這時，祕儀宗教的性質也有了改變。在過去依洛西斯的儀式中，人們並沒有學習任何新事物，只是一再重複體驗原本熟知的神話故事。之後漸漸地加上了個人的救贖意識。而群體的「祕密」，也逐漸轉變爲個人的「祕密」。若以之前的象限圖來表示，即從第IV象限轉移至第I象限。

在古希臘時代，各個城邦小國彼此之間都屬於一個共同體。而到了希臘化時代，強大的王國中，共同體面臨瓦解，祕儀宗教於是成了共同體的避難藏身所。其中最典型的即爲奧菲斯（Orpheus）教。

奧菲斯教的祕儀相當複雜。這是因爲它還與狄奧尼索斯（Dionysus）祕儀重疊。在這裡必須先談一談狄奧尼索斯祕儀。據說宙斯變身爲蛇，與波塞芬妮交合後，生下了薩格爾斯（Zagreus）。而波塞芬妮是狄米特與宙斯所生之女，因此這成了近親相姦。宙斯有意讓薩格爾斯繼承世界。但是宙斯妒心極強的妻子赫拉（Hera）指使泰坦（Titans，巨人族）去襲擊薩格爾斯。原本薩格爾斯想變成牛逃走，但最後被泰坦撕爲八塊吞下肚去了。

宙斯爲此大怒，命令雷電將泰坦燒死。據說人類就是由那燒成的灰燼誕生，而人類的身體中也因此具有部分薩格爾斯的神性。

薩格爾斯被切開吞食而亡時，只有心臟的部分被雅典娜女神取回。宙斯把它吞下後，和卡德摩斯王（Kadmos）的女兒塞墨勒（Semele）生出狄奧尼索斯。

在這個故事中薩格爾斯被分成八塊而死，之後再以狄奧尼索斯之身重生。而泰坦吃掉薩格爾斯，人類又從泰坦死後的灰燼而生。人類由薩格爾斯繼承了神性的靈魂，

---

❶ミルチア・エリアーデ『生と再生――イニシエーションの宗教的意義』堀一郎訳，東京大学出版会，一九七一。

同時也從神的敵人泰坦身上傳承了污穢的軀體。因此人類必須時常親近神，才能保護靈魂不受泰坦邪惡的身軀所玷污。

奧菲斯生於色雷斯（Thracia），傳說中能詩擅歌，是一位天才音樂詩人，阿波羅（Apollo）曾送給他一把豎琴（另有傳說他爲阿波羅之子）。奧菲斯愛上了美麗的仙女尤麗黛（Eurydice）、兩人結爲連理。後來尤麗黛被毒蛇咬傷，不久就喪命了。奧菲斯爲了救回妻子，下到陰間，以音樂迷惑冥府之王黑帝士，救出了尤麗黛。但是冥王囑咐他說，在完全離開冥府之前，絕對不能回頭看他的妻子。奧菲斯卻在途中忍不住回頭，最後尤麗黛再度從他面前消失，永遠分離。

故事到這裡爲止大家都很熟悉，但後來的情節就很混亂了。有一個傳說是，奧菲斯因爲組織了一個將女人視爲禁物的祕密結社，得罪了狄奧尼索斯的女信徒（Bakx-ai），引來殺身之禍，並且被剁成碎肉。關於這個傳說有許多不同的解釋，有人認爲狄奧尼索斯與阿波羅之子奧菲斯兩人命運完全不同，但最後奧菲斯被剁碎吞食的命運則與狄奧尼索斯如出一轍。

然而在奧菲斯教中最重要的是救贖靈魂的教義。人類的靈魂禁錮於肉體中，並且由一個肉體到另一個肉體，永無止盡地循環下去。必須藉著入會儀式，放棄世間的欲望，才能得到完全的解脫，離開轉世與輪迴的命運。據說奧菲斯教主張素食主義。而渴望從輪迴中得到解脫的想法，讓人覺得非常接近東方的思想。

奧菲斯教中所提到靈魂的救贖、來世等思想，不曾出現過在那之前的希臘宗教中。赫伯特・詹寧斯・羅斯（Herbert Jennings Rose）在《希臘與羅馬的宗教》（*Religion in Greece and Rome*）一書中，認為這種思想其實是為了某種個人及階級而存在的。亦即在精神、物質上都較豐裕的富人階層。他們藉此可以保有今世的利益，預約來世的富足。一旦參加了祕密儀式，就好像得到了死後世界也可以使用的金牌。奧菲斯教追求的是今生與來世的利益，與依洛西斯祕密儀式中，參加者分享共同體的歡樂精神大不相同。可以說類似現代的新興宗教（cult）吧！

埃及的祕密儀式

在希臘化時期，希臘及羅馬一帶以古埃及宗教為主要信仰，其中又以艾西絲（Isis）祕密儀式最為盛行。

埃及之神歐西里斯（Osiris），是自然之神，也是掌管死亡的神。在埃及的地位相當於希臘的狄奧尼索斯和黑帝士。歐西里斯與他的妹妹艾西絲結婚，掌管整個埃及。艾西絲在埃及也相當於狄米特和赫拉。歐西里斯後來被他的弟弟賽斯（Seth）所殺，並將放屍體的棺木丟到尼羅河流走。後來艾西絲將棺木找回，賽斯又將屍體偷走，斬成十四塊，四處丟棄。艾西絲將屍塊一一拾回。不久，歐西里斯與艾西絲的兒子何露斯（Horus）長大成人，擊敗了賽斯。何露斯即爲太陽之神。

艾西絲信仰傳到了希臘、羅馬，成爲地中海沿岸最受人景仰的女神。西元二世紀的羅馬小說，阿普留斯（Apuleius）所著的《金驢子》書中，描述一個熱愛法術的青年魯修斯（Lucius），不小心把自己變成一隻驢子，無法變回人類。經過一番辛苦的過程，最後在艾西絲女神的幫助下終於恢復人形。而關於艾西絲的祕密儀式，也在故事中有詳細的描述。

變成驢子的魯修斯前往艾西絲神殿，由祭司米特拉（Mithras）帶他到內殿，兩人單獨談話。但據說談話的內容保密，不得對外說出，只流傳下來一些象徵性的內容。

我降到冥府之國，造訪波塞芬妮的宮殿，穿過了地、水、火、風，回到了世間。我在深夜看到烈日照耀，並親眼參見冥府及天上的諸神，在他們膝前俯伏參拜。❷

阿普留斯提到，要參加艾西絲祕密儀式得花相當的費用，換言之只有富人才能享有，屬於私人的祕儀。

從狄奧尼索斯、奧菲斯、歐西里斯到艾西絲等神話，都談到了死亡與重生。死亡時被殺成碎片，拾集後下到陰間，再度復活。這樣的死亡與重生，是入會儀式（祕儀）中明白揭示的「祕密」。

在《金驢子》一書中，變成驢子的魯修斯藉著艾西絲的力量重回人身，之後再進一步地接受建議，進入更高層的歐西里斯祕密儀式，加入該宗教團體。這個宗教團體名爲「帕斯特伯利」。魯修斯也再次繳付一筆可觀的金錢，才獲得加入資格，並且擔任

---

❷アプレイウス「黃金の驢馬」（『ローマ文学集』世界文学大系六七）吳一郎訳，筑摩書房，一九六六。

爲期五年的幹事職務。從這個故事中，可以知道在西元二世紀時代，祕儀宗教即是富人靈魂的救贖。

畢達哥拉斯祕密結社

傳說有名的數學家及哲學家畢達哥拉斯（Pythagoras），創立了一個與奧菲斯教非常相似的祕密結社。有關於畢達哥拉斯的一生經歷，並沒有留下太多資料，但從生於推羅（Tyre）的哲學家聖朴斐理（Porphyrius）之著作《畢達哥拉斯傳》可以了解，畢達哥拉斯出生於希臘殖民地，曾向埃及人學習幾何，向腓尼基人學代數和算數，向迦勒底人學習天文。輾轉經過特爾菲（Delphi）與克里特島（Greta），最後移居來到義大利南部的克羅敦（Croton）。是一位聲名遠播的思想家，吸引許多人都慕名前來聽他講授學問。

畢達哥拉斯的弟子分爲兩派，各以不同的方式教導。

有時經由論證，有時經由密語的方法，以問答，向入門者說明誘導教義，這是因爲因爲畢達哥拉斯的教導有兩個流派。一部分入門者被稱爲「數眾」（Mathematikoi，數學家），另一部分則稱爲「聽眾」（Akousmatikoi）。數眾是以嚴謹正確的語言學習正確知識，而聽眾則僅是以聽取口述的方式，學習書中概略性的告誡內容，並不多加解釋闡述。❸

畢達哥拉斯

據說因爲畢達哥拉斯的名氣太過響亮，加上他的政治思想被視爲具有危險性，遭克羅敦人塞隆（Cylon）打壓，他與弟子們都被烈火攻擊。有人說畢達哥拉斯因而喪生，也有人說他已逃亡，眾說紛紜。總之，他所創的祕密結社從此就消聲匿跡了。

有關於畢達哥拉斯的事蹟尚有許多不明確的部分。尤其是有關於他組成的祕密結社。是數學家們

❸イアンブリコス『ピュタゴラス伝』佐藤義尚訳，国文社，二〇〇〇。

集結的菁英團體？或者是如奧菲斯教一般，是個充滿神祕色彩的宗教團體？

而聖朴斐理將入門弟子區分爲數眾與聽眾，也有一些問題。根據這樣的說法，前者即擁有辯證後非常充實的知識，後者學的則是未經確實說明的概略性知識。如果只是如此，數眾似乎較聽眾優越。這麼說來，畢達哥拉斯學派就是個學者的團體了。但是以祕密結社的角度來看，則恰好相反。那些由教師以密語和口述來教導的，才是畢達哥拉斯眞正的弟子。奧祕的知識，是透過意象概念（symbol，象徵）由個人心神領會的。因爲眞正的知識，是無法以辯證或文字來傳達的。

至於畢達哥拉斯，因爲在近代普遍將其定位爲數學家，因此一般也都認爲畢達哥拉斯學派的弟子皆爲數學家。然而，也有人開始認爲該祕密結社的目的在於使人的靈魂潔淨，生命得到救贖。過去一直被視爲不過是傳說的種種神祕奇事，也漸漸受到注目。畢達哥拉斯不只是純粹地解開幾何學，更在幾何學的世界中窺見了宇宙的奧祕。

米特拉祕密儀式

米特拉（Mithras，又稱米特拉斯）是起源於伊朗的神，西元一世紀開始進入羅馬帝國，造成米持拉祕儀盛行風潮。爲什麼會這麼盛行，原因是羅馬的士兵們熱心投入的關係。盛行時間與初期基督教是同時期，兩者雖然相互對立，但之間也有諸多共同之處。

根據普魯塔克（Plutarchos）在《龐培傳》中描述，米特拉是西利西亞（cilicia）的海盜所信仰的神，龐培（Cnaeus Pompeius Magnus）在征服西利西亞時，就成了羅馬士兵的神。隨著羅馬軍隊遷徙的足跡，米特拉信仰流傳到帝國的每一個角落。

古代祕儀中的米特拉具有非常獨特的性格。就如它爲海盜和士兵們所崇信一般，是以男性爲中心，禁止女人參與的團體。相較於其他祕儀的神（歐里西斯、狄奧尼索斯、奧菲斯等等）都必經過慘烈的死亡而後重生，米特拉則是個不死的英勇戰士。而這又和組織一個清一色男性的祕密結社有什麼關連呢？

關於這一點，埃里亞德有個相當有趣的解釋：

> 米特拉不同於其他祕儀諸神的悲慘命運，他是唯一的神。因此，結論就是，在米特的入會儀式中，沒有代表死亡與復活的考驗。想要加入該組織的

信者，在入會儀式之前，就要立誓永遠保守該祕儀的祕密。❹

米特拉祕儀的入會儀式分成「烏鴉」、「新娘」、「士兵」、「獅子」、「波斯人」、「太陽使者」「父親」等七個等級進行。

米特拉祕儀是三、四世紀時羅馬帝國爲對抗基督教而興起的勢力。它統合了伊朗與希臘、羅馬諸神，使用拉丁語，成功地融入當時的羅馬帝國。

此外，米特拉祕儀也沒有其他祕儀駭人的縱慾行爲。特別是它作爲士兵的宗教，該祭祀儀式中，成員們有著極高的紀律與節制、道義性——由這些品德中可以感受到古羅馬時期流傳至今的精神——因此，格外能夠帶給世人深刻的感動。（參照上述著作）

正因爲米特拉祕儀不像一般祕密結社的縱慾，比較符合軍隊中克己禁慾的紀律生活。

那麼，這個由許多刻己禁慾的男子組成的團體，是如何興起的呢？埃里亞德做了以下的推論：

米特拉信仰，是爲士兵而完整保留下來的祕密祭典。因此，它也隨著軍隊的移動而流傳。有關於入會禮儀相關的知識，一般人了解得極少。與埃及等地的祕教入會儀式相較之下，米特拉可說是與印度、歐洲民族「男性結社」較類似。原因就如同前面所述，米特拉是許多祕儀的諸神中，唯一不曾經歷過死亡的神。此外，米特拉信仰也是唯一不接受女性加入的組織。（參照上述著作）

要探討祕密結社，這個部分非常重要。米特拉沒有死亡與重生，並且也沒有縱慾（酒池肉林），是非常冷靜的。死亡與重生、縱慾的行爲是屬於女性的原理。奧菲斯即

❹ミルチア・エリアーデ『世界宗教史』第二巻『ゴータマ・ブッダからキリスト教の興隆まで』島田裕巳・柴田史子訳，筑摩書房，一九九一。

是死於瘋狂的Bakxai（狄奧尼索斯的女信徒）手中；歐西里斯藉由艾西絲得以復活。米特拉則非如此。換言之即脫離了女性。幾乎所有的祕儀皆是以女神（地母神）為中心，而米特拉卻將女性排除在外。

而在這裡值得　提的是，歷史上出現的祕密結社，大多數是以男性為中心。聖殿騎士團、共濟會到黑手黨，都是男性祕密結社。當然，也有女性的結社或兩性結社，但都處於次要的附屬地位。

為什麼男性喜愛祕密結社？為什麼男性會去組織這樣一個團體？這個問題，男女有別當然不在話下，但更重要的是必須去探討祕密結社的本質。而我個人對此也有許多不解之處，仍待日後繼續探究。

從這個角度來看，米特拉信仰形成了日後祕密結社的一個模式。包括七個等級等制度，對於後來的共濟會也帶來極大的影響。

在女性參加救濟性宗教日益普遍的羅馬帝國，拒絕女性加入的米特拉祕儀就顯得格外特殊。雖然羅馬皇帝一開始曾保護該祕儀，但是隨著基督教普及，成為羅馬的國教（三九二年）後，就禁止異教信仰。雖然米特拉從此消失，但是卻以不同的型態融入了後世的「祕密結社」中。

原始社會的祕密結社

非洲或美拉尼西亞民族的祕密結社在人類學的領域中，一直受到注目。其中最重要的，它們是依照性別與年齡來區分等級。以年齡來區分，有年齡組與年齡階梯兩個類型。年齡組是相同年齡層的人們同爲一組，共同生活、一起活動。因此年輕的小組必須離開家裡一段時間，且大多數都只有男性成員。而男子在一定的年齡到軍隊服役一段時間，也是沿襲了年齡組的制度。這段期間，就形成了封閉式的結社。

年齡組就像男校或軍隊，在結業之後就回到一般社會。而年齡階梯組，則是隨著不同階段的年齡，由青少年組晉升到成年組、老年組。整體而言分爲兩種形式，一是只有年輕人的組別，另一種則是一生加入不同的年齡階梯組。

加入小組時有一個入會儀式。意味著由孩童長成社會上勞動的成年人，這是大家都非常熟悉的成年禮。而成年禮的儀式各不相同，有公開的儀式，也有些是祕密進行的。

對人類而言，由孩童成長爲大人，是極大的變化。要當一個大人，就有許多必須學習的規範。如果仍舊維持孩童的行爲模式，就會產生許多混亂。入會儀式即是幫助孩童跨越轉變的方式。而現代成年禮逐漸廢退，或許是孩童排拒成人世界規範（祕密）的表現吧。

成人禮中最重要的，是將男女明確區隔開來。與年輕女性隔離，組織一個純男性的社會，由長老傳授各種族群中的祕密。換言之，這些祕密只有男性才能知道。雖然也有一些由女性組成的結社，但相較之下皆屬於附屬的地位。尤其是祕密性的結社，幾乎都是以男性爲主。

非洲的祕密結社中，最具代表性是黃金海岸各種族中的普羅結社。在科佩勒（Kpelle）族中，七歲至十四歲的少年必須被帶至森林裡，與外界隔離，進行長達四年的修行。由族裡的長老教導他們許多技術與宗教思想、習慣，然後施行割禮。意味著長老們吞食掉少年們，而少年們在四年後重生，再度回到社會中。

除了非洲，在新幾內亞也有男性結社。

巴列姆儀式以新幾內亞南部爲據點，幾乎族裡的每一個男人都會加入。老人們擄來尚未參加成年禮的少年，帶到叢林中的祕密小屋，爲少年們施行割禮。此外也考驗他們的膽識、教導他們生活中所有的重要事項。祕密結社代表了大部分的種族生活，而少年們藉著教導脫離少年生活，跨入種族生活中賦予責任的成人地位，在新幾內亞，這也意味著另一種形式的重生。❺

雖然現今的成年禮是公開的儀式，看起來沒有什麼祕密，但事實上成年禮中多少總會隱藏一些不爲人知的祕密。即從前孩童之身的我死亡，成人之身的我重生，這樣的轉變是每一個人都必須經歷的過程。

鄧波（C. Turnbull）在《非洲的部落生活——傳統與變化》❻一書中曾提到：「祕密存在的目的，在於給予完全的保護。」也就是當面臨既有狀態改變、混亂、危機發

❺ギーゼラ・オーダーマン「人間集団の初期の形態」（『民族学入門——諸民族と諸文化』）大林太良・鈴木満男訳，現代教養文庫，社会思想社，一九六三。
❻ユリン・M・ターンブル『アフリカの部族生活——伝統と変化』松園万亀雄・松園典子訳，現代教養文庫，社會思想社，一九七二。

生時，必須要維持秩序、保護身家財產。一般說來狩獵族群比起農耕族群較無祕密，原因是需要守護的東西不多，可以失去的東西也比較少。當祕密少時，儀式就簡單並且開放。

爲了在危機中保住固有的法則與常規，人們於是組成祕密結社。這也是爲什麼在危機的時代中，會有許多祕密結社存在的原因。

人生中最大的危機就是死亡。對原始社會中的人們來說，如何跨越死亡，是非常重要的問題。團體中領袖的死亡可能會引起動亂，因此在繼承者決定以前都不能公開。

侏儒黑人（Pygmy）在慶祝死亡的摩利摩祭典期間，年輕人會襲擊那些破壞秩序的人，並威嚇百姓們。

從某個角度看來，他們是預防犯罪的臨時警力。這段期間的犯罪行爲，有雙重重大的意義。它不僅是個人的行爲，更會爲整個社會帶來不幸。許多種族都倣效組成這類團體，人們多稱之爲『祕密結社』。（參照上述鄧波著作）

剛果巴利部落的阿尼塔豹人結社，以豹形爲記號。當有人死亡，就會威嚇部落的住民，要求大家遵守法規與秩序。在巴利族，因爲繼承的體制尚未確立，一旦有人死亡，必定會引起財產的糾紛問題。這時，阿尼塔就像被豹附身似地狂吠亂舞，威嚇族人，因繼承而起的紛爭也會因驚懼隨之平息。

在日本的秋田縣男鹿半島，有一個名爲「生剝」（namahage）的儀式。在每年小正月（一月十五日），年輕人戴上可怕的鬼面具，穿上螻蛄簑衣，手拿著木製刀，在箱子裡放了小東西，發出嘎啦嘎啦的聲響，沿著街道到每一戶人家去，威嚇年幼的孩子們。

面具、奇特的裝扮、武器以及粗暴的言行，是原始民族祕密結社常見的特徵。而小正月，則是過去一年凋零，新的一年再生的日子，生剝的儀式一般認爲是沿襲了原始民族祕密結社習俗。

祕密結社的存在有些是爲了維護法規與秩序，相反地，有些是犯罪的結社。

有些祕密結社完全是惡質的。例如，喀麥隆的羅桑戈（Rozango）結社，在每天夜裡四處強奪殺害人，暴行不斷。此外，俾斯麥群島（Bismarcks）的新不列顛（New Eritain）島上的鐸鐸（DukDuk）男子結社，對不願加入結社的人，威脅恐嚇，必須拿錢出來。❼

像黑手黨（mafia）等，就算是負面的犯罪性祕密結社。如此，祕密結社也可分爲入會性、政治性、犯罪性三種類型。但實際上要將三者明確區分，其實是非常不容易的。

面具與祕密結社

有趣的是，祕密結社與面具之間的關係。當一個人戴上面具，即意味著隱藏「祕密」。面具有變身的能力，可以將我變成別人。所謂的別人，即是指另一個世界的人，鬼魂、祖先的靈魂。

原始的民族爲了超越死亡帶來的危機、斷絕、混亂，組成了面具結社。死亡是個謎，神祕而不可知的祕密。戴上面具的人，變身成鬼魅，了解死亡的祕密，並使鬼魅出現在世間。附在面具上的鬼魅，藉著神祕的力量行使暴力，威嚇人們，並藉此要求人們遵行既有的秩序。

非洲及美拉尼西亞的面具結社，讓人想到面具與祕密結社之間的關係。祕密結社經常戴著面具。三K黨（Ku Klux Klan）雖然露出眼睛，但頭戴頭巾、身披斗篷的樣子，令人不寒而慄。一般人都認爲戴上面具是爲了隱藏眞正的身分，但更重要的，是藉著面具讓擁有強大力量的鬼魂現身，威嚇人們以達到管理秩序的目的。三K黨要求黑人也遵循他們所定的白人社會法規，若有違抗，則不惜對黑人處以私刑。

面具不是爲了隱藏祕密，而是一種表現方式。如果祕密結社將所有的事隱藏起來，那豈不是完全不見於世，形同不存在了嗎？但事實上，祕密結社必須以各種方式表現出其中的祕密。戴上面具看似隱藏，其實正好相反，反而是他們彰顯自己的方式。

所謂祕密，即是有其需要遵循的規章，面具結社因此成形。如果沒有這些需要遵

❼引文出處同本章注❺。

循的規章，那祕密就無法成立了。遵循的對象必須是永久性的。當永久性的對象產生，會造成中斷的死亡就成了問題。

相較於狩獵或遊牧民族，依存著土地等永久性對象生存的農耕民族，通常具有一些較繁雜的祕密規章。

非洲與美拉尼西亞的面具結社，可以算是祕密結社原型，祕密結社結構的啓發也來自於此。祕密必須以某種形式彰顯，若非如此，祕密就不具有任何意義或力量。爲什麼需要外顯？因爲祕密的存在，即是爲了維持某些事物規章的持續。

這個原則也適用於犯罪性結社。在那樣的團體中，也同樣有一些必須嚴行遵守的規條與道義。

我們的世界清楚地將事物二分爲生與死、顯露與隱藏。如何將這兩個部分連結起來？面具可說是個好辦法。藉著戴上面具，就可以將看不見的死亡世界呈現眼前。面具，是陰陽兩界的連結。

據說在非洲與美拉尼西亞的神話中，面具的力量原本是由女人發現，最後卻被男人佔爲己有，隱藏爲祕密不讓女人知道。這也可說是母權社會轉變到父權社會的過程吧。總而言之，最後是男性獨佔了面具，組織了女性所不知的祕密結社，並因此掌握了權力。祕密結社之所以幾乎都以男性爲中心，與管理和權力的產生等應該有所關連。

伯特印（Jean Louis Bédouin）在《面具的民俗學》❽中表示，過去將面具視爲靈魂的顯現，具有神聖的意義。後來逐漸世俗化後，就成了只是用來僞裝的一個道具。祕密結社被視爲一種具警備力量，維持秩序的角色。有時也會逮捕破壞秩序者，施以審判並處死。審判者或執刑者爲了避免日後遭對方尋仇，會蒙上自己的臉。到現今有人以絲襪蒙著頭搶劫，面具已經淪爲不法用途，失去神聖的意義了。即使如此，面具爲個人逃脫了今世的責任，卻仍然承襲了將受神與靈魂審判刑罰的原始意義。

剛果的豹人結社，在深夜捕殺犧牲者。殺人對人類而言是不被允許的，但是他們變身爲豹，殺害他人。在死者的屍體上也發現了豹的抓痕。

審判官與執法人是法規的守護者。他們維護了世間的秩序。因此，他們處於這個

❽ジャン＝ルイ・ベドウルアン『仮面の民俗学』斎藤正二訳，文庫クセジュ，白水社，一九六三。

世間以外，法規之外，也就是不受法規約束的自由之境。當共同的秩序脫離常規時，就會有祕密結社組成，繼續維持保護。他們以私下審判官、執刑者的身分，執行法律保護者的任務。然而，遵行法規與無制約的自由，界線遊移難定。而如何區分政治性結社與犯罪性結社，也越顯困難。

伯特印在《面具的民俗學》中提到，在過去，面具代表著靈魂、諸神。然而這樣神聖的意義，日後卻因基督教的興起而遭到破壞。原因是在古代，人類藉由戴上面具變成諸神，而基督教卻否定了神變成人，或以人爲主軸，人類可以變成諸神的說法。但話雖如此，面具的諸神也不可能就此憑空消失，因此基督教將之視爲異端邪教，如同惡魔。也由於這個緣故，在原始民族中，雖然祕密結社被視爲不可缺少的社會組織，但後來卻變成了異端、反社會的組織。而代表著神靈化身的面具，最後也淪爲只是遮蔽臉孔的一項道具。

第二章　中世

伊斯蘭的暗殺教團「亞薩辛」

近代祕密結社的原型

據說大約在十一世紀起至十三世紀之間，在裡海南方的山岳地帶當中，一個名叫「亞薩辛」（Asasin）的恐怖暗殺教團日益壯大，極具威脅性。亞薩辛的傳說後來亦流傳至歐洲。一三三一年，法國國王腓力六世計畫再度發動十字軍東征。當法王諮詢臣下意見時，德意志人普羅卡爾德斯神父直言警告，在聖地有駭人的「亞薩辛」出沒，菲利普六世憚於亞薩辛的威脅，於是放棄十字軍東征之舉。

事實上，亞薩辛早在一個世紀之前就已經覆滅；但這個傳說仍一直流傳下來，在歐洲，「亞薩辛」變成了暗殺者的意思。「亞薩辛」這個詞彙，是從hashishin，即大麻（hashish）吸食者而得名。當他們接到暗殺的指令，就會吸食大麻，進入異常興奮狀態，進而完成使命，故名為「亞薩辛」。

被稱為「亞薩辛」之名的是伊斯蘭教伊斯瑪儀什葉派（Ismailite）的一支。伊斯瑪儀派與其他如正統的遜尼派相比，較帶有神祕性質，有入教儀式，並且有七個階級。最上位者叫做席克・阿爾・堅拔爾（山之長老），其次依序爲達伊・阿爾・吉爾巴爾（大佈教者）、達伊（佈教者）、列非克（上級弟子）、費達伊（信徒）、拉席克（新信徒），第七個階級由勞動者與工匠組成。暗殺行動則由費達伊（信徒）執行。

「亞薩辛」由伊斯瑪儀什葉派分支而來，創教者哈珊・班・薩巴出身波斯的克拉珊，於十一世紀末創教，被稱爲東方伊斯瑪儀什葉派。伊斯瑪儀什葉派於埃及法蒂瑪王朝治下曾一度興盛，後遭塞爾柱土耳其人壓迫，並遭驅逐。

哈珊在波斯北部的山區佈教，培養眾多信徒，成爲山城的統治者。他也將原本伊斯瑪儀什葉派的暗殺行爲，視爲公認的政治性武器。一〇九〇年，哈珊隱身在裡海南邊險峻的阿拉穆（Allamoot）山城中，在山谷中祕闢了祕密花園，以大麻蠱惑年輕人入教，待加入集團，就培養成暗殺的刺客。他們活動的範圍在波斯（伊朗）到敘利亞一帶。據說一直到十三世紀蒙古軍入侵之前，亞薩辛的城塞都是堅不可攻。

十二世紀，庫德系軍人薩拉丁（Saladin）以聖戰衛士之姿，一統伊斯蘭教。薩拉丁視亞薩辛爲異端，對其施壓攻擊。亞薩辛曾試圖暗殺薩拉丁，只是最後沒有成功。

兩者最終和平共處。

從十一世紀到十三世紀亞薩辛活躍的時期，正值十字軍興起。在十字軍與伊斯蘭軍鷸蚌相爭之際，亞薩辛坐收漁翁之利。他們威嚇羅馬教皇及參加十字軍的諸王拿出錢來，否則就要派出刺客暗殺，因而獲得了許多貢物。有趣的是，聖殿騎士團、醫院騎士團反而從亞薩辛取得貢物。「儒安維爾（Joinville）認爲其中的理由在於這兩個騎士團認爲，即使一個領袖被殺，也立刻有其他適當的人選可以取代，所以完全不畏亞薩辛的威脅。而且亞薩辛的領袖在無法得到任何利益的情況下，也不會讓他的手下白白去送死。」❶

這也顯示出亞薩辛與騎士團之間密切的關係。醫院、聖殿兩騎士團從亞薩辛祕密結社的組織中學習許多事情。尤其是聖殿騎士團的七個階級制度，也是效法亞薩辛的組織模式。後來聖殿騎士團被視爲祕密結社而遭到彈壓，似乎與亞薩辛有著奇妙的因緣。有關於聖殿騎士團在此再進一步說明。

暗殺行動自古以來就存在，然而十一世紀的亞薩辛，可說是現代恐怖組織的雛型。

> 亞薩辛有一個史無前例的特點，就是恐怖組織將它做爲政治性的武器，有計畫、組織地，並且長期進行。（中略）說他們是恐怖主義的先驅，應該也不爲過吧。（參照上述著作）

路易士認爲，恐怖集團的持續，需要組織與意識形態（ideology）。在亞薩辛的起源伊斯瑪儀派中，即具有對神忠誠與自我奉獻等強烈的意識形態，並藉由入會儀式嚴守組織祕密。據說在他們成爲殺手之前，曾因其不惜犧牲個人生命的忠誠，吸引十字軍的人前來。或許這可以說是祕密結社的起點。

亞薩辛在十三世紀之後就消失在歷史中。但是路易士的《暗殺教團》（一九六七）一書，重新喚起了相關的記憶，並預告了現代恐怖主義的時代來臨。

理查·貝爾菲德（Richard Belfield）在《暗殺事業——國家公認的殺人歷史》（*The Assassination Bussiness: A History of State-Sponsed Murder, 2005*）一書中提到，亞薩辛

---

❶ベルナルド・ルイス『暗殺教団——イスラームの過激派』加藤和秀訳，新泉社，一九七三。

即是賓拉登（Osama Bin Laden）和蓋達組織的前身。

一般認爲，亞薩辛是藉著大麻的力量執行暗殺行動。但是，這或只是西方人對東方殺手的片面印象。藉由大麻與洗腦而形成恐怖主義的說法，一直到現在都相當盛行。冷戰時期，美國中情局與蘇聯KGB都曾經進行過相關的研究。但結果並不如預期。或許對西方人而言，亞薩辛建立於個人忠誠與自我犧牲的組織精神，是很不容易理解的吧。即使看到了伊拉克的恐怖自殺炸彈客事件，從西歐人大麻或洗腦的觀點也很難理解其中的精神。

貝爾菲德在《暗殺事業》書中表示，最符合現代亞薩辛形象的，應該是義大利的黑手黨（Mafia）。總而言之，亞薩辛即是近代祕密結社建構的原型。

死海古卷與咸美底古卷

死海古卷與庫蘭宗團

一九四七年，巴勒斯坦的貝都因族牧羊少年，在死海西岸的斷崖中發現了一個洞穴，並在裡面找到了大批古代書卷。少年將這些古代書卷拿出來沿途販售，於是流傳開來，吸引了許多團體開始研究調查。之後也陸續在其他洞穴發現古卷，終於使得死海古卷這龐大的史料因而出土。

死海古卷是過去猶太教的異端庫蘭宗團，藏身該地時所遺留下來的書卷。據說他們是爲了躲避鎮壓而逃到這裡。死海古卷的發現，引起了相當大的反響。庫蘭宗團遺留古卷的時間大約在西元前三或前二世紀，至西元一世紀之間，也就是從猶太教到基督教形成之間的一段模糊時期。究竟基督教如何形成？而耶穌基督又是誰？

人們期待死海古卷或許能夠解開這個謎。但是期待雖高，相關的研究卻進行得非常不順利。於是出現了各種推測假設，有人認爲死海古卷是陰謀史觀的溫床，媒體並視之爲醜聞加以報導。到了一九九〇年代，突然掀起了一陣死海古卷書籍熱潮。例如麥克・貝傑特（Michael Baigent）與理查・李（Richard Leigh）的《死海古卷之謎》❷、芭芭

❷マイケル・ベイジェント、リチャード・リー『死海文書の謎』高尾利数訳，柏書房，一九九二。

拉・席林格（Barbara Thiering）的《耶穌之謎——死海古卷解開神祕謎底》❸等陰謀論書籍相繼問世。

這也正好與葛拉翰・漢卡克（Graham Hancock）《上帝的指紋》❹等上古代史，以及神祕的新興宗教、世界末日等說法不謀而合。

「死海古卷」令人玩味的，或許是其中的說法，推翻了過去基督教成立的歷史吧。貝傑特與李在《死海古卷之謎》中，主張梵蒂岡陰謀論，即梵蒂岡禁止公開販售危及正統派歷史的書籍。「如果不是因爲大家普遍都認爲，死海手抄本中，有基督教起源的重要內容，那麼也不可能會登上報紙的頭版新聞。」❺

庫克認爲，一般人對死海手抄本與基督教相關性的看法分歧。一派認爲庫蘭宗團是基督教的起源；另一派則認爲庫蘭宗團是基督教初代的教會。

第一種說法，是認爲庫蘭宗團爲愛尼色（Essenes）派的一部分。根據弗列維斯・約瑟夫斯（Flavius Josephus）的說法，猶太教分爲法利賽派、撒都該派及愛尼色派。其中誡律最繁複、主張禁欲的愛尼色派與寫下古卷的庫蘭宗團極爲相似。因此認爲愛尼色派有可能是基督教的起源之一。

庫蘭宗團以隱身於聖經中，受神啓示的神祕「公義教師」爲領袖。他們遭受邪惡祭司的打壓，潛逃到荒野，最後仍遭到迫害。有人認爲「耶穌基督」即是依照這個「公義教師」的典範塑造出來的。而庫蘭宗團在基督教形成前就已存在，基督教是繼承者。耶穌其實並不存在，是以「公義教師」爲典範塑造出來的。

第二種說法，是根據羅伯特・艾森曼（Robert Eisenman）的論點。他認爲死海古卷是屬於基督教的文書，而「公義教師」指的是耶穌的兄弟雅各。「僞善之人」是使徒保羅，「邪惡祭司」則是大祭司亞那（處死雅各）。「死海古卷」中敘述的是有關耶穌的故事。但是如果是這樣，就必須推翻古卷早在基督教形成之前就存在的說法了。

澳洲雪梨大學的席林格的說法則進入了科幻異想的世界。她認爲庫蘭宗團即是愛

---

❸バーバラ・スィーリング『イエスのミステリー——死海文書ご謎を解く』高尾利数訳，NHK出版，一九九三。
❹グラハム・ハンコック『神々の指紋』大地舜訳，翔泳社，一九九六。
❺エドワード・M・クック『死海写本の謎を解く』土岐健治監訳，教文館，一九九五。

尼色派，「公義教師」是施洗約翰，「邪惡祭司」與「僞善之人」則是同一個人，即拿撒勒人約瑟。

愛尼色派分爲約翰與耶穌兩支。而耶穌支派就是後來的基督教，約翰支派則隱身於庫蘭，從此消聲匿跡。愛尼色派將祕密教義隱藏在書卷中，因此必須從耶穌支派所寫的福音書中讀出其中的奧祕。席林格也認爲新約聖經是一本密碼文書，並對此有諸多異想天開的奇特解釋。

庫蘭宗團活躍於西元前二、三世紀，這個謎樣的組織應該是屬於猶太教中最具祕教性質的愛色尼派分支吧；並且也應該是原始基督教的起源。但這一點至今尚未完全證實。但是從他們祕密性的教義，以及因遭受迫害，逃到死海沿岸的洞窟隱身、最後消失的這幾點看來，似乎也可視爲祕密結社的起源之一。

庫蘭宗團引起了許多研究者的想像力，艾略特．亞伯卡西斯（Eliette Abécassis）在《庫蘭——復甦的神殿》❻中，還描述了庫蘭宗團後來發展成聖殿騎士團、共濟會等祕密結社的虛構內容。

咸美底古卷與諾斯底派

咸美底（Nag Hammadi）古卷的發現，激發出關於原始基督教形成之謎的諸多學說與論點，所造成的風潮不亞於死海古卷。一九四五年，埃及農夫在尼羅河邊的咸美底洞穴中，發現了古壺中塞滿了以埃及古語（Coptic）書寫的古卷。隨後賣給了開羅的古物商。其中一部分由蘇黎士的Jung財團購得。但是埃及政府後來發現這份古卷的重要性，買回了大部分，收藏在埃及原住民博物館中。

咸美底古卷，是諾斯底派（gnosticism，又稱智慧主義、靈知主義）的文物，原由希臘語寫成，後來翻譯成埃及古語。諾斯底派因被視爲基督教的異端而遭到消滅，諾斯底派的教義典章幾乎都已消失殆盡，因此埃及古語手抄本的發現，終於使得該教派的教義，和其與基督教間的關係，得以重見天日。

諾斯底爲叡智、神祕知識之意。因世界上肉體和現實世界逐漸墮落，充滿罪惡，

---

❻鈴木敏弘訳，角川書店，二〇〇二。

因此需要藉著了解靈的世界，逃離混沌世間，回歸天家。唯有了解靈界神祕智慧的人，才能回歸靈善世界。基於這個想法，諾斯底派的成員多爲知識份子中的菁英，是一個少數而封閉的團體。

因爲視現實世界爲罪惡，諾斯底派主張禁慾。諾斯底派這個神祕知識的形成複雜得驚人。之後又融合了瑣羅亞斯德教（Zoroaster）及摩尼教（Manichaeism）等東方密教，以及希臘密教，可說是集古代密教知識之大成。從西元一世紀至二世紀，吸引了菁英份子，也產生了許多書卷。而這也正好與當時正在形成的基督教相融合。

但是到了四世紀後半，基督教正統派確立，而因爲諾斯底派否定耶穌的眞實存在，認爲基督只是　種精神上的觀念，違反了正統派的主張，於是遭到打壓驅趕。

之後，諾斯底派成爲地下教派，並且形成了日後歐洲赫密士學（Hermes Trismegistus）、猶太神祕哲學（Kabbalah）、鍊金術、神祕學等神祕靈學的潮流。

一般認爲咸美底古卷爲西元四世紀後半時期的古物。雖然記載了有關二世紀左右諾斯底派教義等相關內容，但與今日的新約聖經有許多差異。例如亞當和夏娃因受蛇引誘，偷吃了禁果而被逐出伊甸園；但是在咸美底古卷中，蛇才是賜予人類智慧的救贖者。

是誰寫下了咸美底古卷，將它藏在洞穴中呢？咸美底的附近，有一個帕克米奧斯（Pachomius）修道會的修道院。有人認爲咸美底古卷原本在這裡的圖書館中，可能爲了某種原因，將它藏在洞穴中。

聖帕克米奧斯生於西元二九〇年左右，三四六年去世。據說他所建立的修道院，是埃及最早的宗教性共同體。

西元三六〇年代，帕克米奧斯修道會的領袖狄歐多羅斯（Theodoros von Tabennisi），曾經閱讀過亞力山卓主教亞他那修（Athanasios）所寫的信件。信中強烈批判異端及他們所流傳出的非主流經書。所言內容幾乎就是指咸美底古卷。如果古卷原本藏在咸美底附近的帕克米奧斯修道院中，或許是因爲修道會對於異端十分感興趣，爲了躲避修道會長的警告，才會將古卷藏起來的吧。

咸美底古卷被埋藏在洞穴中的眞正原因，我們無法確切明白。但是四世紀末對於異端的打壓非常激烈，可以確定他們爲了逃避迫害而將古卷藏在洞穴裡。我們不知道是帕克奧斯修道院還是如今已消聲匿跡的祕密宗團，使這份文獻得以保存下來。但是也正因爲如此，咸美底古卷中的祕密，在經過了將近一千五百年的歲月後，仍能完整保存。

加他利派

西元四世紀末，咸美底古卷埋藏於洞穴以後，西歐「異端」的結社活動似乎沉寂了一段時間。從五世紀到十一世紀期間，西歐鮮少發生因「異端」而起的社會問題。「異端」獨自在東方世界蘊育成長，它從瑣羅亞斯德教及摩尼教等二元論的主張開始發展。善與惡、靈魂與物質的二元論主張認爲，現實世界、物質世界出自於邪惡的造物主，並否定其價值，認爲人類應該回歸靈魂的世界。東方的二元論在十二世紀時流傳到西方，並形成了中世時期最大的異端「加他利派」（Cathari）。

二元論，即是將世界分爲對立、抗爭的兩極。也許祕密結社和二元論有密不可分的關係。他們將世界分成內與外、祕密與公開的部分，並清楚地感受到其界線、相異之處。在二元論的時代，對立抗爭的時代中，許多的異端、祕密結社相繼而起。

加他利即爲潔淨之意。東方的二元論宗教「摩尼教」，與基督教融合，在巴爾幹半島形成了「波格米爾派」（Bogomil）的異端。受到這樣的刺激，北義大利也產生了加他利派。之後在米蘭、奧爾維特（Orviteo）、黑米尼（Rimini）等地壯大勢力，不久加他利派也在法國南部地區急速擴展。

加他利派之所以會形成強大的運動，一般認為是因為擁有嚴格的教會組織，並以結社的形態來進行教派的活動。加他利派的組成分為低階級與高階級，低階級稱為「完全者」，藉著修行與入會儀式授予祕密教義，過著禁慾的生活。高階級則稱為「信者」，可以過一般世俗的生活。

在這兩個「完全者」（被揀選者）與「信者」（一般大眾）階級之間，訂有嚴格的入會儀式，形成一個精神性的祕密組織。

加他利派在法國朗基多克（Languedoc）地區勢力尤其強盛，該地稱加他利派為阿比森教派（Albigeois），朗基多克原為土魯斯（Toulouse）伯爵的領地，以吟遊詩人的故鄉聞名。開朗浪漫的吟遊詩人與禁慾主義的加他利派何以能夠在同一時期活躍於此地？兩者之間有什麼關連？至今乃是個待解的謎題。

天主教教會對於加他利派的發展憂慮不安。教皇派土魯斯伯爵雷蒙六世打壓加他利派，但成效不彰。一一九八年，英諾森三世（Innocent III）就任教皇，以斷然手法徹底壓制加他利派，爲此還設置了特別的機構執行，即不久後發展爲眾所皆知的「異端審問」恐怖制度。

教皇特使卡斯提諾（Pierre de Castelnau）因土魯斯伯爵雷蒙六世打壓加他利派的成效不彰，將其逐出教門。但是到一二〇八年，卡斯提諾即遭到暗殺，一般認爲是雷蒙六世的親信所做。英諾森三世召集了三十萬人，組織討伐阿比森教派的十字軍，是當時歐洲勢力最強大的軍隊。

一二〇九年，十字軍從蒙彼利埃（Montpellier）出發，占領了貝西亞城，大肆虐殺。不久又攻佔卡卡頌。並將該地贈予孟福特（Simon de Montfort）。孟福特的軍隊轉攻南法，戰事延續多年未歇。一直到一二一五年土魯斯伯爵才棄城投降。

然而到了一二一六年，英諾森三世去世，雷蒙六世雖已逃亡異鄉，其子雷蒙七世卻回到了土魯斯。雖然孟福特的軍隊包圍了土魯斯，卻遭城內丟出的石塊擊中，於一二一八年戰亡。蒙地卡羅一帶皆納爲土魯斯伯爵的管轄地區。

但是，法王路易八世對於蒙地卡羅非常感興趣，一二二六年，組織了新十字軍，包圍了亞維農。路易八世雖然在途中去世，但土魯斯投降。一二二九年，教會會議於土魯斯召開，開始殘酷地審判加他利派。「異端審問」制度亦由此確立。

加他利派逃亡至森林及深山的洞穴中，仍難逃嚴厲的追捕。於是躲藏在加他利派聖山蒙色羅（Montsegur）中。一二四四年，蒙色羅山遭攻陷，藏身其中的加他利派被處以火刑。

加他利派失去了山中的隱遁之處後，即從歷史上消失。不久便開始有一些傳說。蒙色羅山在被攻下之前，他們曾暗中將「寶物」運送出去，藏在森林中。至於這個「寶物」，有人說是金塊，也有人說是約翰福音書。或許那卷福音書，是羅馬教會不承認的異端文書。

此外還有主張「寶物」即是「聖杯」的說法。凱爾特傳說中的「聖杯」，進入了基督教，成爲耶穌最後晚餐中曾經使用，也是耶穌被釘十字架時用來接聖血的聖杯。

另有傳說爲抹大拉的馬利亞曾逃到蒙地卡羅，並認爲抹大拉馬利亞是耶穌的妻子，在耶穌死後，她帶著孩子隱身此地。或許在加他利派還有耶穌的另一個系譜。

有傳說認爲蒙色羅即聖杯城，由聖殿騎士團守護。此外還有人認爲加他利派與聖殿騎士團陰謀勾結，追溯之下可見加他利派——聖殿騎士團——共濟會的系譜。

異端審判的時代轉變爲女巫審判時代。而異端與巫術之間的界線也逐漸模糊。「在西歐的基督教中，敗落的加他利教主張的二元論教義，被吸收到崇拜新惡魔的法術信仰中。」❼

十三世紀，加他利派之所以能夠號召十字軍與之爭戰，要歸於其背後嚴格的教會組織，即完備的宗教結社，而這也成了中世到近世的祕密結社典範。

聖殿騎士團

一一一九年，數名騎士組成了一個騎士團，稱爲「基督的貧苦騎士們」。這個組織是爲了保護朝聖者一路安全的到達耶路撒冷。他們以耶路撒冷的所羅門神殿爲據點，因此後來又被稱爲「聖殿騎士團」。聖殿騎士團不久之後在歐洲擁有強大的軍事組織，以及雄厚的財力。傳說中，是因爲他們發現了所羅門王藏在神殿下的寶藏，並私下佔爲己有。

羅馬教會感受到聖殿騎士團力量造成的威脅性，法國國王覬覦其財富，在十四世紀初，將聖殿騎士團污名化，稱之爲惡魔的祕密結社，大行毀壞逼迫。但是，不知爲何世人有關這個騎士團的記憶，似乎總是著墨於祕密結社狂熱份子的想像力。如葛瑞姆·漢卡克《上帝的指紋》、安伯托·艾可（Umberto Eco）的著作《傅科擺》（*Il pendolo di Foucault*）、丹·布朗（Dan Brown）的《達文西密碼》（*The Da Vinci Code*）等著作中不斷出現的題材。或許，這是爲了要刺激歷史與幻想之間的幽微界線吧。我們大略地回想一下這兩百年的歷史。

一〇九九年，耶路撒冷聖地被十字軍攻下。然而在此之後，參加十字軍的王公貴族都回本國去了，所以前往聖地朝聖的安全受到威脅。於是有一群騎士留在聖地，保護朝聖者夜間不被強盜略奪。一一一九年，在香檳地區，以培揚（Hugues de Payen）及德維爾阿杜安（Geoffroi de Villehardouin）爲首的九個人，共同起誓一生保護該地朝聖者的安全。耶路撒冷包杜安二世（Baudouin II）將所羅門王神殿所在地冊封給他

❼ユーリー・ストヤノフ『ヨーロッパ異端の源流——カタリ派とボゴミール派』三浦清美訳，平凡社，二〇〇一。

們，這就是聖殿騎十的由來。

這裡需要特別注意的，它不但是個騎士團，過去也曾經是一個修道會，也就是說這個團體將武士與修道僧二種職業合併爲一。雖然不是僧侶，但是加入騎士團的人都必須遵守如修道會般嚴謹的規則。與世俗的騎士團是不一樣的。

而這一點不久之後就產生了問題。聖殿騎士團雖然得到羅馬教會的承認，卻是一個獨立的組織。例如騎士團內部有獨立的主教，不受一般主教指示。並且也不需遵守奉獻十分之一所得的稅制。聖殿騎士團不久之後就累積了爲數可觀的奉獻金，因此富甲天下。而這一點，也使得許多人對騎士團享有特權感到反感。

聖殿騎士封印標誌之一

一一三九年，聖殿騎士團得到教皇英諾森二世的認可，同意爲修道士建造教堂，並由該教堂的神父管理，不受一般神父管轄。由這一點也可以了解，聖殿騎士團相對於一般社會，是個獨立的組織。

一般認爲聖殿騎士團真正發展爲軍事組織是在十二世紀中葉。隨後參加法國國王路易七世發起的第二次十字軍東征，穿上繡著深紅色十字架的白袍制服。他們驍勇善戰，在西元一一五三年占領了阿斯卡隆，立下大功。

十二世紀末，推翻埃及法蒂瑪王朝、建立阿育布王朝的薩拉丁（Saladin）所形成的勢力，開始威脅耶路撒冷。他攻打敘利亞，一一八三年，建立了統一的伊斯蘭王國，並開始朝著耶路撒冷逼近。

當時耶路撒冷的國王是年紀尚輕的鮑德溫四世（Baldwin IV of Jerusalem），已經勢力強大的聖殿騎士團對於年輕國王的命令，逐漸不再順從。

而薩拉丁打敗了在哈丁山分裂的十字軍，並在相隔八十八年後，再次收復耶路撒冷。

爲了奪回耶路撒冷聖地，英國國王理查一世發動了第三次十字軍東征。甫遭敵軍擊敗又無人當家的聖殿騎士團，於是推舉了理查一世的大臣薩布雷（Robert de Sabl）爲新任統帥。薩拉丁與理查一世之戰，最後於一一九二年簽定了休戰協定。正當理查打算歸國之際，卻在途中被擄。據說後來他變裝成騎士，才順利逃過此劫。從耶路撒冷到英國，都佈滿了聖殿騎士團的腳蹤。

十三世紀，聖殿騎士團、聖約翰騎士團（Knights of St. John）、德意志騎士團（或稱條頓騎士團，Deutscher Orden / Teutonic Order）之間的對立日趨緊張。一一九八年創立的德意志騎士團，接受神聖羅馬帝國皇帝弗雷德里希二世（Frederick II）的後援。聖殿騎士團屬於英國派；而聖約翰騎士團雖是中立，實際上則較偏向德意志騎士團。

一二四四年，土耳其系的花剌子模族重新占領耶路撒冷。三個騎士團遭受重挫。法國國王路易九世發動了第七次十字軍東征。

一二九一年，馬摩爾克（Mamluks）朝的貝把思（Baybars）率領伊斯蘭大軍，關鍵性地打敗了十字軍，從敘利亞征勦成功。許多聖殿騎士戰亡。聖殿騎士團在東方的戰役遂告終焉。

聖殿騎士剛剛成立，在聖地組成長期停駐的防衛軍時，曾陸續從歐洲得到各地捐贈的財物，累積了相當可觀的財富。由於朝聖者或十字軍都會立即返國，因此人們對於停駐在當地的騎士更為景仰。據說在西歐就有九千多個聖殿騎士團領地，其中以普羅旺斯最多。

據說當時聖殿騎士團扮演了相當於銀行的角色。但是，不只是聖殿騎士團，在中世時期，教會或修道會已經負起銀行的職務了。除了捐獻，大家也將個人的財物暫時委託修道院或教會保管。對當時的人們而言，將財物放置在修道院的保險庫中，是最安全的做法。

至於聖殿騎士團，主要的工作是保護朝聖者的安全，所以銀行的功能尤其引人注目。聖殿騎士在西歐也有支部。前往聖地朝聖前，先在當地的騎士團處存入金額。取得票據之後，就可以在聖地取款，這也是最早的匯票或支票的系統。聖殿騎士團財富日漸累積，後來還借貸給諸侯貴族。

聖殿騎士團在巴黎的館邸「聖殿塔」（Tour du Temple）爲皇室貯置財物的金庫。包括放著英國國王借款時抵押的寶石盒。雖然法國皇室在羅浮宮也有一個金庫，但是騎士團的「聖殿塔」似乎比較安全。

一二九一年，總部阿克城失守後，聖殿騎士團的聖地之役也隨之告終。在那之後，雖然也曾試圖收復聖地，但都未能成功。一二九五年，雅克・德・莫萊（Jacques de Molay）成爲聖殿騎士團的團長，也是最後一位領袖。

一三〇七年，法國境內的所有聖殿騎士團全部遭逮捕。據說當時約有三千個騎士領地同時進行舉發，是前所未有的組織性大檢舉。因法國國王腓力四世（美男子王）爲打擊聖殿騎士團，事先已進行了非常周延的計畫。

爲什麼聖殿騎士團會陷入這個危機呢？失去了保護聖地功能的騎士團回到法國，不管在法國國王或教會的眼中，都是個大麻煩。而龐大的財富更引來他們的覬覦，教皇博義八世（Boniface VIII）更是極欲將聖殿騎士團與聖約翰騎士團兩者合併爲一。

腓力四世與博義八世之間嚴重地對立。當時正與英國愛德華一世交戰的腓力，以戰役之名向修道會徵收經費，引起教皇的不滿與抗議。曾是加他利派異端駐地的朗格托克，因不滿法國國王的作爲，則向教皇發出求救之聲。

穿著聖殿騎士團正式禮服的雅克·德·莫萊

一三〇三年，腓力的大臣諾卡雷（Guillaume de Nogaret），襲擊了當時在阿納尼城別墅休養的教皇博義八世並將之擄回，但後來在該城人民的追討下，教皇被救出。但是，博義八世嚥不下這口氣，最後羞憤而死。法國籍克雷芒五世（Clement V）繼任教皇，並將教廷由羅馬南遷至阿維尼翁城。

但是腓力四世後來與這個法籍教皇還是形成了對立關係。因法蘭德斯戰爭經費短絀，計畫要沒收聖殿騎士團的財產，而這項計畫的主要執行者是宰相諾卡雷。他也是在阿納尼城擄走博義八世的陰謀家，教皇斥其爲帕塔里亞派（Pataria）。帕塔里亞派是加他利派的別名，因爲有傳聞指出諾卡雷是加他利派之子。而聖殿騎士團的異端審判陰謀，應該就是由加他利派的變節者策動的吧。

諾卡雷在一三〇六年沒收了猶太人的財產，並將他們逐出國境，著手策劃將聖殿騎士團冠上異端之名。第一步就是逮捕所有成員，再由國王舉發。並以「聖殿騎士們因違背教義，污辱基督，舉行猥褻之祭典、祭拜男色及偶像。」❽等罪行進行審問。

修道士在入會儀式時的罪行尤其明確。不但三度否認基督，還在十字架上吐口水、雞姦、崇拜巴佛滅（Baphomet）等偶像等。而這些指控的罪名，與諾卡雷推翻教

❽レジーヌ・ペルヌー『テンプル騎士団』橋口倫介，文庫クセジュ，白水社，一九七七。

皇博義八世時所指出的罪行如出一轍。

基於這些控告，異端審問官對聖殿騎士們嚴格審問，殘酷地拷打迫害。

因爲法國國王的獨斷，聖殿騎士團受到異端審問，教皇克雷芒五世雖然表示抗議，但仍不得不指示法國之外的所有基督教國家，向聖殿騎士發出逮捕令，並且召開教會審判。

巴佛滅

在法國國王與教皇雙方角力之下，判決遲遲未定。一三一二年，宣布了一道模糊不清的判決。克雷芒五世決定全面廢止騎士團，但不判爲有罪。聖殿騎士團的財產由聖約翰騎士團接收。根據這點，可以了解他不接受法王指控聖殿騎士團爲異端，試圖沒收其所有財產的謀算。

然而，騎士團幹部的審判由法國來執行。一三一四年，團長莫萊等四人遭判終身禁錮。對此，莫萊與喬夫洛瓦・德・沙尼（Geoffroy de Charnay）兩人抗辯，他們非自願地寫下自白，騎十團完全是欲加之冤罪。結果，兩人在巴黎被處以火刑。

這個荒謬的結果，據說導因自聖殿騎士團爲國際性的組織。在法國以外如英國等地，對於指控聖殿騎士團的罪行都不是十分熱中。有些甚至持相反的看法。因此教皇無法判定所有基督教國家的聖殿騎士團有罪。然而，法國將境內的聖殿騎士在國內裁決。

不久後，聖殿騎士團成爲一個傳說。歷史學家貝努曾在書上提到：

> 他們將鍊金術或巫術等所有的祕術，加諸在聖殿騎士團上，像這樣的幻想手法產生了或快要產生幾乎難以置信的收獲。（中略）將金字塔的祕密與聖殿騎士團的祕密連結起來，藉著這樣荒謬愚蠢的故事損其名譽，醞釀出同類的趣味。這裡面從蠱惑公眾的鐵假面，到加他利派的實物，都可以見到現代神話類型中的特徵要素。（參照上述著作）

總而言之，聖殿騎士團在中世末期轉變到近世的時代出現，因而成爲日後祕密結社陰謀論的泉源。

文藝復興

但丁與祕密結社

謝夫．尤丹在《祕密結社》中提到，但丁（Dante Alighieri）是聖殿騎士團系第三教團聖信實團（fede santa）的首腦之一，史詩《神曲》便是祕傳教義的說明。而地獄、煉獄、天國三個世界的旅程，也可說是入會儀式三階段的代表。但是，一般的但丁論或《神曲》的解說中，幾乎沒有出現與祕密結社相關的內容。聖殿騎士團系的第三教團究竟爲何，尤丹並未說明。

針對這個部分，呂克．貝諾（Luc Benot）在《祕儀傳授——祕教的世界》❾中，有詳細的說明：「在聖殿騎士團沒落的同時期，幾個重要的祕教教義也相繼問世。基督教的祕教思想家與回教的祕教思想家攜手合作，修復彼此分裂的關係。並且爲了避人耳目，他們以『聖信實團』（fede santa）、『愛的信徒團』（Fidéles d'Amour）、『薔薇十字團』等友誼團體成員的力量，使這個重新組織的運動獲致成功。只是這些信徒團體，都很謹愼地避免呈現鮮明的結社形態。」

在維也納的美術館有二枚紀念幣，一枚刻著但丁，另一枚則是畫家喬凡尼・比薩（Giovanni da Pisa），兩枚紀念幣的背面都刻著相同的字。解讀之後即爲「神聖信仰之長（fede santakadosh）・聖殿騎士團員首長」之意。而「聖信實團」即聖殿騎士團的第三會。所謂第三會，即承接男子修道會與女子修道會，他們過著世俗的生活，遵行修道會的教導，亦即在家信徒之會。而根據神祕主義研究者瑞內・蓋農（René Guénon）的說法，但丁及比薩皆爲團員之一。

但丁

《神曲》中詩人維吉爾帶著但丁升上天國，最後導引到聖貝爾納多處。唯有精神階級在最高階的聖者才能帶領他人。而聖殿騎士團的戒律也是由聖貝爾納多制定。

據說但丁也是「愛的信徒團」成員。《神曲》

❾リュック・ブノワ『秘儀伝授——エゾテリスムの世界』有田忠郎訳，文庫クセジュ，白水社，一九七六。

中天國的七層天，便是這個信徒團的想法。後來的薄伽丘（Giovanni Boccaccio）也是該團團員。

也有人認爲，「薔薇十字團」是從「神聖信實團」和「愛的信徒團」衍生而來。這個說法雖然目前尚未獲特證實，但是如果屬實，從聖殿騎士團到薔薇十字團，再到共濟會，這樣的系統源流應該不是憑空杜撰的。

尤丹認爲，但丁的《神曲》結合了諾斯底派、伊斯蘭東方祕教、加他利派等所有祕教思想，最後再融入基督教，「使基督教祕密教義進入全盛時期」。

十四世紀是個從中世轉換到文藝復興時代的過渡期，此時結社的形態日趨多樣，它們試圖跨越狹隘的地區共同體藩籬，成爲一國際性的組織。十字軍東征促成了東西文化的交流。新興的組織有兩個趨勢，一是超越地緣、血緣關係的友誼團；另一種則是同業之間的組織，即同業工會。這兩種結社間的差異可說非常兩極化。

兄弟會是開放性的，只要經過入會允許，任何人都可以加入。同業工會則是封閉性的，只有同業人員才能加入。但是在兩極之間也有許多中間型態，而且結社是不斷變動的。例如共濟會，本來是泥水匠的同業工會，漸漸地一般會員也可以加入，不知不覺中泥水匠工會的性質就消失不見了。

兄弟會與同業工會

工匠的結社稱爲同業工會（Guild），而宗教性的結社則稱兄弟會（Fraternity），是一個友誼性的團體。在中世時期，工匠在信仰上具有堅定的信心，所以同業工會有時也具有宗教性，與兄弟會時有重疊之處而難以明確劃分。換言之，宗教與世俗相結合，結社本著宗教性的鄰舍之愛，相互合作，也具有共同達到彼此利益的世俗性目的。

不久，同業工會不僅只有單一的業種，也有同時包含數種職業的，稱爲商會（Company）。到了十四世紀之後，確立了全國性組織的同業工會。

十四世紀到十五世紀之間，制服的意義變得非常重要。從愛德華三世將別著嘉德勳章的制服授予新騎士，可看出其重要的象徵意義。制服在同業工會內部也代表了不同的階級。而階級制度，可以從配戴不同的衣服、帽子、勳章上得知一二。

同業工會的階級化，對提倡同胞愛的結社造成極大的壓迫。

約翰・哈維（John Harvey）在《中世紀的工匠》[10]中提到，中世紀的兄弟會其實是祕密結社與入會儀式的中世紀版本，它的存在並非祕密，「本質上是祕密結社」。不論是同業工會或者商會，都有帶著兄弟會的祕密結社性質。關於祕密結社，雖然到目前爲止我們一直提到駭人的部分，但有時也必須從工會或公司，這些一般性背景來探究其中意義。

鍊金術師的祕密結社

中世時期的鍊金術師，由於受到教會的禁止，自組成小型的祕密團體。鍊金術是一項神祕的技術，一般都是由師傅祕傳給弟子。而要成爲弟子，必須參加特別的入會儀式，但都是規模極小的儀式。而隨著印刷術的發達，鍊金術或猶太祕術的書籍問世，鍊金術師也開始發展出國際性的網絡組織。

十三世紀，歐洲出現了大雅博（Albertus Magnus）、羅傑・培根（Roger Bacon）、萊蒙德斯・路勒斯（Raimundus Lullus）等幾個知名法術博士。到了十五世紀，則出現了皮科・德拉・米蘭多拉（Pico Della Mirandola）、特里特米烏斯（Trithemius）、阿格里帕・凡・涅提斯海姆（Agrippa von Nettesheim）等法術師。

一四八六年，米蘭多拉將自己的思想整理成九百道題目公諸於世。當中包括了柏拉圖、畢達哥拉斯、猶太祕術學以及穆罕默德、瑣羅亞斯德等各家學派，匯集了東西方思想，使之重新復甦，堪稱爲文藝復興宣言。不過，像這樣使將過去隱沒的古代學問重新再生，並非皮科個人所能成就，而是背後有一個研究組織在運作使然。

這個組織是學者與藝術家的結社。不久，該協會以「阿克登米」（Academy）而馳名。阿克登米是位在雅典的學校，柏拉圖曾在此教授弟子。十五世紀柏拉圖思想復甦時，阿克登米學院也隨之再生。他們在佛羅倫斯的銀行家柯西莫・麥迪奇（Cosimo de' Medici）經濟支援下，組織成一個學者協會。一四七〇年，菲奇諾（Marsilio Ficino）藉著麥迪奇家的支援，成立了阿克登米・柏拉圖學院。

阿克登米在十五世紀到十六世紀，在義大利的學者們之間蔚爲風行，不久即從此發展建立了大學。根據培沃斯納（N. Pevsner）在《美術學院的歷史》⑪的說法，阿克

⑩ジョン・ハーヴェー『中世の職人』森岡敬一郎訳，原書房，一九八六。
⑪ニコラウス・ペヴスナー『美術アカデミーの歴史』中森義宗・內藤秀雄訳，中央大学出版部，一九七四。

登米不只是指學院，也包括了「半祕密性的占星學院」。

換言之，祕密結社也是阿克登米的一部分。這表示，大學或學院並非與祕密結社完全無關。他們是獨佔知識的組織，而知識的獨佔即關係著權力，因此也帶著幾分神祕色彩。而且還需參加入會儀式。

在筆者的《陰謀世界史》[12]中，曾提到牛津及劍橋等英國菁英大學與祕密結社之間的關係。大學或學術單位有時會成爲一個祕密結社，這一點頗有意思。「阿克登米」這個組織介於大學與祕密結社之間。由法術到科學，再看看從中世的鍊金術到近代科學問世，如此想來，或許阿克登米與祕密結社之間的關係並不是那麼難以理解。

煉金術士

文藝復興時期的法術博士阿格里帕·凡·涅提斯海姆曾遍遊歐洲。他在年輕時，以神聖羅馬帝國皇帝馬克西米連一世（Maximilien I）的間諜身分前往巴黎。鍊金術師們因爲不時進出各國王公貴冑的宮廷，因而常會受雇擔任情報員。

他在同一地點，與數名年輕學者及貴族見面，共

同組成祕密團體。他們擬定了改造世界的祕密計畫，並約定彼此協助。」⓭

阿格里帕組織了祕密結社，計畫在巴塞隆納發動武裝政變，結果未成功。值得注意的是，他不只單純地研究，更組織了政治性結社，企圖改變世界。由此可知，鍊金術師的結社有時也會與政治相關連。

帕拉塞爾蘇斯

據說帕拉塞爾蘇斯（Paracelsus）是爲中世的鍊金術畫下句點的人。他生於瑞士蘇黎士附近。祖父葛奧格是聖約翰騎士團的團長，父親威廉在大學時讀的是醫學，並走遍各地實習。後來結了婚，生下的孩子取名爲迪奧拉夫妥斯。這名字是取自亞里斯多德之弟子，也是雅典學院校長之名。晚年改名爲帕拉塞爾蘇斯。

帕拉塞爾蘇斯在本篤（Benedictus）派修道院修習，修道院長便是特里特米烏斯。

⓬海野弘『陰謀の世界史──コンスピラシー・エイジを読む』文藝春秋，二〇〇二。
⓭クルト・セリグマン『魔法──その歷史と正体』平田寛訳，平凡社，一九六一。

一五一二年，他進入義大利的費拉拿大學醫學部學習；一五一六年至一五二四年，周遊諸國，進行實習修行，走遍了義大利、法國、葡萄牙、西班牙、英國，行蹤甚至遠及東歐到俄羅斯一帶。他說：

我每到一地，便熱情而耐心地學習，目的是研究值得信賴的精湛醫學技術。我不只是跟在醫學博士們的身邊，也跟著理髮師（外科醫師）、溫泉老闆、學識豐富的內科醫師、產婆或魔術師，還有治療術師的身邊學習。不管是鍊金術師或是修道院士、貴族或貧民、技術熟習的專家或業餘者，我都親身造訪。⓮

據說拉塞爾蘇斯在一五二一年與韃靼王子同行，前往伊斯坦丁堡，拿到了「哲學家之石」。這應該只是個傳說吧，然而，從歐洲穿越埃及，這個費時八年的大旅行令人驚歎。「至於他如何克服語言上的障礙，至今仍難理解。」大橋博司如此寫道。

而這項壯舉之所以能夠完成，必定是沿途的造訪建立了醫生、理髮師、鍊金術師、魔術師等廣大的網絡。中世的同業工會、兄弟會等組織，持續地朝著如阿克登米的學者、藝術家的網絡型態發展。因此才有可能實現學者周遊諸國之行。

在帕拉塞爾蘇斯的周遊時代，也是各地吹起宗教改革風暴的時期。在一五二四年到二五年，發生了德國農民戰爭。帕拉塞爾蘇斯完成周遊之行，原本想在薩爾茲堡落腳，卻被捲入了農民團的暴動中。他被人誤以爲是滋事份子，只好逃出薩爾茲堡，再次展開旅行。

一五二六年，帕拉塞爾蘇斯抵達法國東部的史特拉斯堡。在這裡他加入了盧塞爾涅工會。這個同業工會，除了物商人、麵粉廠廠長以外，外科醫師也可以加入。不久後，帕拉塞爾蘇斯就因爲幫瑞士巴塞爾的出版業者弗貝尼烏斯（John Frobenius）治療腳傷而聞名。弗貝尼烏斯是人文主義活動的贊助者，透過這個團體，他介紹帕拉塞爾蘇斯給伊拉斯謨斯（Erasmianum），並邀請帕拉塞爾蘇斯至巴塞爾大學。

帕拉塞爾蘇斯打算在巴塞爾大學展開一場醫學革命，過去醫學領域中，內科醫生

⓮大橋博司『パラケルススの生涯と思想』思索社，一九七六。

與外科醫生的等級是不一樣的。內科固守古老的傳統醫學，認爲那是無可取代的治療方法，並認爲外科醫生等級較低。外科醫生與理髮師、產婆、江湖術士歸於同一類。帕拉塞爾蘇斯反對內科醫生將外科醫生列爲次級地位，並認爲應該從所有事物上來廣泛學習。他對內科醫生與外科醫生平等視之，並招募理髮師和鍊金術師到大學來學習。重新評估鍊金術這些技術當中累積蘊涵的醫學性知識。此外，他在課堂上不用拉丁文，而是以德文授課。

但是這個醫學革命，遭到大學的反對。帕拉塞爾蘇斯被逐出巴塞爾。一五二九年，他前往德國紐倫堡。但是仍不見容於此。一五三〇年，帕拉塞爾蘇斯來到瑞士的聖加侖（St. Gallen），寫下了許多的代表作品，卻始終無法出版。隨後又開始浪跡天涯，走遍了瑞士、波希米亞、維也納、肯特郡等地。

一五四〇年，帕拉塞爾蘇斯回到了薩爾茲堡。雖然當時只有四十七歲，但疲憊的旅程使他看起來已經十分蒼老，隔年即去世。

西里曼表示：「鍊金術在帕拉塞爾蘇斯與其同派成員的協助下完全改變了。」。帕拉塞爾蘇斯認爲，鍊金術是將純粹的物質從不純的東西中焠煉出來，自然是不完全的，但是藉著鍊金術，可以去蕪存菁。「這種想法大大擴展了鍊金術的意義，讓人們體察到，實驗的主要目的，是靠人類來完成。」（參照上述著作）

帕拉塞爾蘇斯想將鍊金術從物質轉化的技術，提升爲由人類來完成，煉淨進入精神世界的一個入會儀式。鍊金術師的同業工會，也隨之轉化成爲一個精神共同體。而這也正好預告著共濟會石匠工會轉化成近代祕密結社。

彼得·馬榭（Peter Marshall）在《哲學家之石——鍊金術的祕密》⓯書中提到，薔薇十字團緣起自鍊金術師的小型結社團體：

> 因爲害怕被舉發，許多鍊金術師以匿名的方式出版著作，並偏好在小型的祕密結社中工作。薔薇十字團就是在這樣的環境下形成的。在封閉而神祕的鍊金術團體中，一股新興的精神革命在歐洲興起。這點代表了鍊金術由實質提昇爲精神層次的轉換。

⓯ Marshall, Peter, *The Philosopher's Stone*, PanBooks, 2002.

鍊金術師的小型結社是怎樣的一個組織，一般人並不清楚。赫克森在《全世界各個時代的祕密結社》書中曾介紹了一個類似的團體。他引據班奈克達斯·費格拉斯於一六〇七年獻給神聖羅馬帝國皇帝魯道夫二世（Rudolf II）的鍊金術書，提到一個由十四、五名鍊金術師組成的結社，據說成立於一四一〇年，而帕拉塞爾蘇斯也擔任其中的幹部。

費格拉斯並寫道，該結社於一六〇七年與薔薇十字團合併，其中的一名成員爲貝魯那爾度伯爵。他可能就是在鍊金術歷史中常常提到的崔維桑伯爵（Bernard le Trévisan）。據說他爲了鍊金術實驗傾家蕩產，一四〇六年出生於義大利的巴度亞（Pudua），一四九〇年去世。

根據赫克森的看法，鍊金術師在帕拉塞爾蘇斯之後分爲二派。一派致力於實際的研究，另一派則沉溺於幻視性的空想，寫下充滿神祕色彩的書籍。內容盡是一些謎樣難解的文字。例如提到轉變的力量，就以「綠色獅子」來表示：

在綠色獅子的床上，出現了太陽與月亮。兩人結婚生下了王。王喝獅子的血長大。因此獅子是王的父母，也是兄姐。我害怕洩露祕密，因爲曾經向師父起誓，對於不明白哲學之火的人，對不能將祕密說出口。

十五世紀到十六世紀，出現了許許多多的結社，從義大利人文主義者聚集的阿克登米學院，到成立於宗教改革運動風潮中的各類兄弟團體都有。目的與方向雖然各不相同，但共同點是他們都是由一個既成的體制中分支出來，並且在各自的團體中追求人類與社會的改革。換言之，不管是哪一個結社，都有著屬於自己的「綠色獅子」。

學院組織

義大利的人文主義學家菲奇諾（Marsilio Ficino），在麥西迪家所贈予的別墅中與同好聚集，於一四七〇年代成立了「阿克登米」學院。這與後來的學院（Academy）一詞意義不同，代表自由、非正式的集會。到了十六世紀，隨著學院組織的大幅增加，也就逐漸轉爲正式化的性質。

培沃斯納的《美術學院的歷史》中提到：「十五世紀，學院是人文主義的非正式集會」，然而到了十六世紀，則趨向多元。文藝復興時期（十五世紀）的學院是非組織性的，到了強調個人風格十六世紀，學院則轉變爲「謹慎，且大多加上許多嚴格的規則。」

幹部及集會的規則、會員資格或行動等都有詳細的規定。團體的徽章、標語、名稱由來等有都清楚的指示。學院名稱及會員名字往往非常奇特。培沃斯納舉出以下幾個例子。

furoridi（興盛者）、umidi（濕氣者）、sudenyati（憤怒者）、attyeji（狂熱者）、ajitaati（騷動者）、animoosi（勇者）、arudennti（熱情者）、innhulianmati（激昂者）、okkuruti（神祕者）、asukuri（無能者）、addorumenntati（愚者）、innkoruti（無學識者）、ipokonndoriati（憂愁者）、nauhuraganti（遇難者）、berukossi（毆打者）、sonnakkyosi（睡眠者）等。

諸如這些奇異人士組成的私人學院，是怎樣演變成今日由皇家／國家所成立，爲振興科學及藝術的組織呢？

義大利有許多學院，十七世紀在法國，都是統一由爲皇家機構「法蘭西學院」

（Académie française）所管理。之後才由語言及文學擴展到整個藝術領域。數學及物理學等科學學院也源起於義大利。十六世紀義大利科森札（Cosenza）有一個哲學家集會，一五六〇年天文學及實驗物理學的研究會由伯達（Giovanni Battista Porta）在拿坡里成立，名爲「謝格拉底學院」（Accademia dei Segreti）。譯意爲隱密的學院，也是祕密結社之意。爲什麼隱密，從伽利略（Galileo Galilei）的例子就可以清楚地知道，教會視新科學理論爲異端，有可能釀成危險。因此科學家的研究只能在暗地裡進行。因此，目標放在研究新科學的學院就以祕密結社的方式進行。不僅是自然科學，在人文科學領域亦然，因爲只要提到希臘及伊斯蘭教思想，也必須隱密進行。

謝格拉底學院也欲發起反抗宗教改革，但因特利騰大公會議（Council of Trent）決議而遭禁止。

一六〇三年，研究科學與天文學的林奇學院（Accademia dei Lincei）在羅馬成立。這是在切吉（Cesi）侯爵領導下，由四名年輕的業餘研究者組成的祕密團體。後來遭揭發，曾經暫時解散一段時間，才又重新組成，謝格拉底學院的伯達也是其中成員。一六一一年，伽利略也加入其中。伽利略的著作即是由謝格拉底學院所發行的。

但是一六一六年，教會把伽利略的書籍視爲禁書，將切吉侯爵逐出羅馬，林奇學院也無法再進行任何活動。

但是從一六五〇年左右，新的科學開始勝利，教會的壓力逐漸減弱。即使如此，科學院仍然無法在義大利正式發展，最後還是轉移至國外成形。於是，以研究科學爲主的皇家學院在英國誕生。

一六六二年，查理二世將一六四五年以來，由專家學者、業餘愛好者在倫敦及牛津聚集的私人協會，正式改爲以追求自然科學進步爲宗旨的皇家學會（Royal Society）。（參照上述培沃斯納著作）

學院組織由文藝復興時期的私人聚會，發展成近代的皇家、公立學院。但是，有一點值得深思。即是許多私人、半祕密性質的學院，由國家統一管理之後，自由異端性質的集會就會被排除，永遠難以重見天日。然而這並不表示已經完全消失無蹤。

換句話說，當無數的學院統一時，一些無法浮上檯面的集會就潛藏到地下，形成祕密結社。我認爲所謂的近代化，是雙重性的，即表與裡，公與私。當表面的大道建立後，後街小巷也隨之形成。在「學院」公開化的同時，背後那隱密的、看不見的結社，即地下化的學院也就成立了。

在接下來要談的共濟會等其他近代祕密結社，也是以此爲濫觴。當然，即使有一些古老的起源，而人們所認爲的「祕密結社」，是隨著近代化的腳步成立的。因此，近代，才是祕密結社的時代。

還有一個需要注意的地方。雖然皇家、公立學院統一了過去小型、自由的集會，並與大學或研究機關，以公認、公開之姿態呈現，但未必就代表初期集會所具有的「祕密」性質已經不存在。

無論是學院或大學，向來都被視爲公開、透明的研究機構，但事實果眞如此嗎？初期的集會具有的「祕密」性、「結社」性，事實上也悄然遺留在其中吧？關於這個一直被視爲禁忌的部分，近來終於逐漸明朗化。在後面的章節我將會提到，英國的皇家學院與共濟會之間的關係。其創立者大部分都是共濟會會員。而英國的牛津及劍橋，美國的史丹佛、耶魯等幾個名門大學裡，也有許多祕密結社潛藏在其中，組成一個無形的網絡。可見初期集會的「祕密結社」性質，事實上仍然持續存在於現代大學及研究機構的內部深處。

第三章　近代

薔薇十字團

是現實還是幻想？

研究祕密結社時，薔薇十字團的由來總是讓人抓不著頭緒。許多書籍都認為，古代祕儀、加他利派、聖殿騎士團等，最後都同歸於薔薇十字團。並由此衍生成共濟會等近代的祕密結社。但即使如此，關於薔薇十字團這個團體的眞貌至今仍不明確，甚至連它是否眞實存在，也難以定論。

大約是在十七世紀初，大家才開始知道薔薇十字團。但不久就消聲匿跡，到了十九世紀才再次復活。第二次的薔薇十字團是否與之前相關，或者只是隨意使用相同的名字，不得而知。一般都認為兩者之間並無關連。

艾迪格菲爾（Roland Edighoffer）的《薔薇十字團》❶是目前為止最完整而客觀的研究，在此，就以此書為中心來探究。

薔薇十字團開始為眾人所知，起自在德國黑森—卡賽爾（Hessen Kassel）發表的三份文件，分別是一六一四年《兄弟會的名譽》（*The Fama Fraternitas of the Meritorious Order of the Rosy Cross*）、一六一五年《兄弟會的自白》（*The Confession of the Rosicrucian Fraternity*）、一六一六年《克里遜・羅桑庫魯斯的化學婚姻》（*The Chumical Marriage of Christian Rosenkreuz*）。

這些文件揭示了薔薇十字兄弟會，這個由羅桑庫魯斯所創立的結社之存在。羅桑庫魯斯前往耶路撒冷朝聖，在大馬士革及摩洛哥等地學習祕密的原理，回國後組成了兄弟會，亟欲改革世界，爲世界帶來眞理。因此，會員雖然遍走各地，但是他們起誓相約每一年的舊曆一月一日，都會在有聖靈之館之稱的本部聚集，並且以C（Cross，十字）及R（Rose，薔薇）爲徽章，立誓百年守住兄弟會這個祕密。

兄弟會應該是在羅桑庫魯斯等創立者皆過世的一百年後，由後繼的幾個接班人公諸於世。這樣推算下來，這個兄弟會的成立，應該是在一五一四年左右。

令人不可思議的是，這些書籍在十七世紀的德國造成了相當大的迴響。從一六一

❶ロラン・エデイゴフェル『薔薇十字団』田中義廣訳，文庫クセジュ，白水社，一九九一。

四年到一六二〇年間，相關的贊同或反對的著作就有二百篇以上；到十八世紀初則達九百篇以上，寫盡了有關薔薇十字團的各類虛虛實實事件。

許多人對於薔薇十字團如此感興趣，這代表了什麼？是當時的時代需要這樣的魔幻性的結社吧。可以確定的一件事是，它與古騰堡（J.Gutenberg）的印刷革命有關。姑且不論最初的那三部文件目的爲何，總而言之，是印刷術爲薔薇十字團扮演了宣傳的角色。

祕密結社藉著印刷媒體登上檯面，似乎有點矛盾，但這正可說是近代祕密結社的特徵。換句話說，現代所謂的祕密，並非沉默無聲，而是藉由媒體的不斷傳送，製造出祕密內容。一個完全看不到、也沒人知道的祕密，就等於不存在。在這個稱爲傳媒的現代社會中，唯有披露在媒體上的事件，才算是祕密。

這意味著，薔薇十字團或許就是媒體時代祕密結社的先驅。人們不斷談論著各種祕密，架構了一個虛幻的海市蜃樓。這樣形同媒體幻影的祕密結社，在現代的網路環境下規模更加迅速成長。

十七世紀初，有一些團體在歐洲境內大量傳佈與薔薇十字團有關的奇異著作與傳單。他們是薔薇十字團的成員，還是敵人，不得而知。或許兩邊的團體都有。總之，有關於這個祕密結社的傳聞不斷地散佈在各地。

隨著薔薇十字團的流言廣傳，也開始出現一些搭此風潮的冒牌組織。當時來到德國的笛卡兒（René Descartes），亟欲與薔薇十字團接觸，卻不得其門而入。一六二三年，他回到巴黎，在街市中貼了許多薔薇十字團的傳單。營造一股恐怖氣氛，讓人感覺看不見的祕密結社成員已經潛伏在巴黎，引起法國相關單位戒慎恐懼。

英國對於薔薇十字團也十分感興趣。其介紹者之一的羅勃特・佛洛德（Robert Fludd）醫生，對於鍊金術非常熱中，曾在德國研究多年。並將許多薔薇十字團相關的著作翻譯成英文，吸引許多讀者閱讀。

約翰・瓦倫汀・安德列

《兄弟會的名譽》、《兄弟會的自白》、《克里遜・羅桑庫魯斯的化學婚姻》這三本薔薇十字團的原最初文獻，雖是以匿名方式發表，但一般認爲它是由杜賓根（Tubingen）的神學生約翰・瓦倫汀・安德列（Johann Valentin Andreae）所寫。而安德列自己也承認，《克里遜．羅桑庫魯斯的化學婚姻》這本書，是自己年輕時期的戲作。《兄弟會的名譽》與《兄弟會的自白》似乎是原薔薇十字團的文獻。從安德列的《克里遜．羅桑庫魯斯的化學婚姻》中，可以看得出他曾加以修改，形成新的兄弟會構想。但是原薔薇十字團的存在是否屬實，或安德列是否真的屬於這個團體，沒有人知道真相。

安德列

薔薇十字團相關的神話故事不斷增加，面對這樣的現象，安德列自己似乎也不知所措。雖然寫下了《化學婚姻》試圖加以修正，然而神話傳說的內容卻愈來愈荒誕離譜。如這個兄弟會的創立者羅桑庫魯斯只是薔薇十字的虛擬人物，是否真有其人仍待商榷；或說薔薇十字的起源要追溯到更早以前等等。也有人說創立者其實是最早的人類亞當；另外還有人認爲是源自於古埃及、印度、依洛西斯祕儀、畢達哥拉斯等。相反地，薔薇十字這個組織，也可以說是結合古代的各種祕儀、法術的大雜燴，不管什麼教派組織，都可以跟它沾上一點邊。

葉茲的《薔薇十字的覺醒》

葉茲（Frances A. Yates）在《薔薇十字的覺醒——隱藏的歐洲精神史》❷中，以現代眼光針對薔薇十字給予重新的評論，對於其起源提出另一個新的說法。這本著作，爲薔薇十字開啓了一個新的研究觀點。

根據此書的結論，薔薇十字團源自於英國。英國是近代科學革命的搖籃，而薔薇十字團在此扮演極重要的角色。

「覺醒」一詞，原文是enlightenment，一般譯爲「啓蒙」。啓蒙的意思，過去是指從原本中世的法術及迷信當中，到近代對科學知識的覺醒。但是葉茲卻認爲，近代的知識起源，就在中世的「薔薇十字」的法術中。而「啓蒙」並非與法術斷絕，而應解釋成涵蓋著法術的知識。「啓蒙」並非與過去完全斷絕。而我們至今，也仍未失去法術。

❷フランセス・A・イエイツ『薔薇十字の覚醒——隠されたヨーロッパ精神史』山下知夫訳，工作舎，一九八六。

依據葉茲的觀點，薔薇十字團源自於以嘉德勳章聞名的英國聖喬治騎士團。這個徽章的圖案，是薔薇與紅色十字。後來，英王詹姆士一世的女兒伊莉莎白與普魯士選帝侯弗里德里希五世結婚。英國的占卜師迪恩（John Dee）曾經在伊莉莎白一世女王的任命下擔任間諜，多次出入神聖羅馬帝國皇帝魯道夫二世的宮廷。後來因爲這個婚禮的關係，迪恩與腓特烈五世有了往來。迪恩從英國帶來薔薇十字的思想，並待在普魯士侯爵的身邊，請他出版與薔薇十字團相關的著作。

弗里德里希五世因反哈布斯堡帝國的陰謀被選爲波西米亞國王，一六二〇年，在白山戰役中敗給了神聖羅馬帝國。因此，薔薇十字團在德國無法再繼續發展，反而重新傳入英國再次造成流行，也成爲日後共濟會的源頭之一。

葉茲認爲，薔薇十字在整個十七世紀中，是人們共同的幻想，這個意義更甚於它的實際存在。薔薇十字刺激時代精神，遍佈各地，成爲近代祕密結社的源頭。

有關共濟會的部分，在後續章節會提到，「薔薇十字」雖然曾經暫時消失，但卻幾度復甦，尤其到了十九世紀，還有薔薇十字文藝復興。雖然前後幾次不見得有什麼關連，但如果是人們共同的幻想，就隨時都有更復活的可能。

薔薇十字團的後續發展

一八〇四年，布雷（Johann Gottfried Bollée）在德國哥廷根大學出版了一本關於薔薇十字與共濟會起源的著作。一四五九年羅桑庫魯斯在出版《化學婚姻》時，德國、奧地利、匈牙利等地的「建築師傅」們，聚集在波西尼亞普魯士領地雷根斯堡（Regensburg）成立兄弟會。一四九七年，神聖羅馬帝國皇帝馬西米連一世賜予兄弟會特權，如同中世的同業工會（guild）。於是一六三三年至一六四六年左右，結合了薔薇十字的思想，形成了共濟會。

將安德列的思想從德國帶到英國的是捷克的科米紐斯（Jan Ámos Komenský）。他原是摩拉瓦（Morava）兄弟會的牧師，後來被驅逐出捷克，四處流浪。科米紐斯非常景仰安德列，同時也深受薔薇十字思想的吸引。他到英國著手興辦一個世界學院，以教導學生改革世界爲宗旨。並以「無形的學院」爲開端，不久於一六六〇年創立了皇家學會。而薔薇十字也成了皇家學會的起源。

薔薇十字對共濟會，甚至皇家學會都帶來如此極大的影響。在近代科學革命的過程中，更扮演了重要的角色。在薔薇十字如此延伸意義中，葉茲也給予重新的評價。

從狹義而言，薔薇十字被視爲奇蹟與鍊金術之類的法術。於是一些小型的薔薇十字團相繼成立。例如摩爾繆斯（Petrus Mormius）表示，曾在一六三〇年曾經見過黃金薔薇十字團的一名成員。加上「黃金」一詞，表示這個團體是以鍊金術爲中心。

一七一四年，一本名爲《以黃金薔薇十字團完成哲學之石的眞實而萬全的準備》的著作問世。書中的黃金薔薇十字團，是否就是摩爾繆斯所提的，無法確定，但這是一本鍊金術相關的著作。由此可以看出鍊金術在薔薇十字團中，佔有愈來愈重要的地位。

在黃金薔薇十字團中，分爲黃金十字團員與薔薇十字團員，以及更細部的位階差異。而像這樣確立內部的階級制度，也是十八世紀的特徵。此外還有許多薔薇十字團出現，而這些團體相互之間並無特別關連。

黃金薔薇十字團與聖殿騎士團的連結也愈來愈受到重視。結合了神話中所羅門王宮殿的建築師希倫，以及神殿守護者聖殿騎士等傳說，再與黃金——哲學家之石——石匠的關連中，可以看到薔薇十字團與共濟會有著不可分的相關性。

一七七七年，「古代黃金薔薇十字團」成立，傳說創立者是一世紀時亞力山大港的司祭歐爾謬斯（Ormus）。這是一個由通曉神祕知識的優秀人才所組成的菁英團體。經由入會儀式達到高位，才能領會最高的神祕知識。這樣的制度對知識份子產生刺激的作用。這個運作機制不斷推陳出新，吸引祕密結社的人們。而他們也認爲，只有自己才稱得上是眞正的共濟會員。

十八世紀似乎還有各種不同的薔薇十字團出現。有人懷疑，自一七七三年，教皇下令解散耶穌會以來，薔薇十字團其實就是耶穌會的僞裝變身。

古代黃金薔薇十字團從柏林起步，足跡遍及匈牙利、波蘭、俄羅斯。而在一七八三年，他們將巴伐利亞的光明會（Illuminati）逐出門外。因爲他們認爲光明會雖然看似共濟會，但事實上是一個政治結社。

一七八五年，光明會在巴伐利亞選帝侯的命令下解散。另一方面，古代黃金薔薇十字團也因爲無法爲人醫病治療，失信於人，在隔年一七八六年停止一切活動。

如此看來，十八世紀的薔薇十字團與共濟會有著奇特的關連，十分活躍，刺激了當時的歌德及莫札特等許多人。但是到了十八世末，勢力卻急轉直下，至消失無蹤。

十九世紀後半，薔薇十字團又再次復興，出現了好幾個結社。但是一般認爲這與十七、八世紀的薔薇十字團並無直接關係，待後續章節再詳述。

呂克．貝諾在《祕儀傳授——祕教的世界》中針對薔薇十字的初期和後期發展，曾如此說道：

> 據說薔薇十字團在十七世紀初，離開了歐洲來到印度。或許，這意味著該結社再次被東方的核心所吸收。無論如何，現代的薔薇十字會派，與眞正的薔薇十字團事實上毫不相干。因爲一些自稱是薔薇十字團員的人們都親身表示，認爲事實並非如此。

薔薇十字到印度，有極重要的意義。原本，就有人認爲薔薇十字的起源或許就在東方。而如果薔薇十字團回歸印度一事屬實，那麼之後稱爲薔薇十字的，就都是假藉名義的冒牌貨了。

共濟會

共濟理論的兩個方向

共濟會已經成了祕密結社的代名詞了。是結合所有結社的綜合組織。因此，可以和所有的結社連結，所有的一切都是它的起源。任何事物都可以說和共濟會有關。

共濟理論紛雜，但大致上可分為兩個方向。一個是探究過去。所謂探究過去，就是不斷地往歷史深處挖掘。共濟會與所有的過去有關，最終到達人類的始祖亞當。但這還不算終點，甚至還繼續延伸到外星學說，描述共濟會是從宇宙的某處來的，無窮無盡。

相對於回溯過去尋求根源，另一個方向則是探索現在及未來的共濟理論。相較之下，這部分多為反共濟派的思想，企圖證明共濟會是一個陰謀論的祕密結社。共濟會與猶太人之間的關連，也是這派人士經常提出的論述之一。

以上所提追溯過去與探究現在的兩個方向，結果連結成一個環狀運動。追溯過去的行動，反過來就是回到現在。

探討過去的共濟理論，可見法國歷史學家諾頓（Paul Naudon）的《共濟會》❸、《共濟會的祕密歷史——其源頭與聖殿騎士團的關係》❹二書。前者因爲是文庫本，內容是綜觀全體，平鋪直述，但後者的筆法就比較大膽了，提到了它的起源。順帶一提，諾頓是共濟會的成員。

後者內容在提到探索現代、未來的共濟理論時，引用了最新的著作——即傑佛瑞（H. Paul Jefferies）的《共濟會——世界上最古老的祕密結社內幕》（二〇〇五）來做爲例子。傑佛瑞是一名美國新聞記者。不清楚他是否爲共濟會員，但從他批判性的筆法看來，應該是個圈外人。書中並特別詳細談到以美國爲主的共濟會陰謀論。

接下來就以上兩個探究方向，將共濟會做一個概略性的介紹。

未知的歷史

「共濟會」意即自由的石匠。爲什麼要特別強調自由呢？中世的工匠組織了各類型的同業工會。同業工會一開始是與地方的貴族結合，專屬於該地區。不久，有些工匠不受管轄，擁有特權可以自由到各地工作。這就稱爲「自由」（free）。

自由的工匠中，又以石匠最具代表性。歐洲各地建造了許多宏偉的大教堂。而共濟會應該就是從當時的自由石匠同業工會中發展的。

但是，十八世紀初，共濟會發生了極大的變化，他們開始近代化。原本由擁有實際技術的石匠組成的工會，轉化成追求知性、精神提升的人們所組織成的結社。石匠（mason）之名雖還保留，但實際上已經和石匠沒有直接關係了。因此，石匠工會成爲實踐型共濟會，而精神性的結社則爲思辯型的共濟會。我們現在所談的「freemason」，是屬於後者。

同業工會稱師傅爲大師（master），聚集的地方稱爲集會所（lodge）。十四世紀之後，集會所非常盛行，不僅是同業工會，漸漸地，他們也開始接受其他人加入。所謂free，應該表示同業以外的人。特別在英國，共濟會已完全脫離石匠工會，轉變爲近

❸ポール・ノードン『フリーメーソン』安斎和雄訳，文庫クセジュ，白水社，一九九六。
❹Naudon, Paul, *The Secret History of Freemasonry*, Inner Traditions, 2005.

代的結社。

最大的轉折點出現在一七一七年。倫敦的四個集會所聚集在一起，組成了「總部」（grand lodge）。並選出薩耶（Anthony Sayour）爲總部主管。總部完全沒有職業性質，而總部主管則由蒙塔魁公爵、沃頓公爵等貴族來出任。蘇格蘭籍牧師詹姆士・安德森整理了〈共濟會憲章〉，於一七二三年出版。據說安德森是在一位牧師之子德薩丘里耶（John Theophilus Desaguliers）的指導下寫成。此人的父親在〈南特詔書〉（Edit de Nantes）廢止時，潛逃到倫敦。德薩丘里耶通曉自然學、科學，是牛頓的友人，「英國皇家學會」的會員，英國皇子（後來的喬治二世）身邊的牧師。由此可見近代共濟會的成立，與皇家學會及英國皇室大有關連。

共濟會的憲章遵守萬人通用的道德律，對於宗教也盡可能包容，保守住共同的信仰。

> 這成爲一種連結的方式，使共濟會和原本可能永遠是陌生的人們，彼此間產生了眞摯的友情，成爲統一的中心。（摘自諾頓《共濟會》）。

組成總會的倫敦四個集會所，原本屬於近代改革派，但其他的集會所則欲沿守既有的傳統規章，於是組織了以歐洲集會所爲主的「古典派」，與「近代派」相抗衡。但是後來「古典派」也慢慢接受新時代，兩派於一八一五年合併，成立新的總部。之後，投入各項友誼活動與慈善事業，對英國社會帶來極大的貢獻。目前由肯特公爵擔任總部主任，與英國皇室關係密切。雖然如此，教會方面仍時時警戒提防。一九八七年，英國聖公會曾批判共濟會爲褻瀆神的異端思想。

法國的共濟會

據說在一七一七年倫敦成立共濟會總部之前，法國就已經有共濟會的存在了。一六四九年，英國清教徒領袖克倫威爾革命成功，英王查理一世被斬首。王后亨莉雅妲·瑪利亞（Henrietta mary of France）則被遣回巴黎郊區隱居。而聖傑爾曼（Saint Germain）一帶，則成爲蘇格蘭貴族的隱身之處。他們在此組織源自於蘇格蘭的共濟會集會所，並以此爲掩護，暗中計畫推翻克倫威爾的陰謀。

雖然在總會的憲章中，載明共濟會員不得參加陰謀團體，但是成立於法國的蘇格蘭系集會所（在法國又稱爲「工作室」〔atelier〕），卻涉及政治陰謀。

一七一七年，總會在倫敦成立後，法國也隨即成立了支部（英國系），但先行存在的蘇格蘭系則較佔優勢。之後這兩個系統在法國持續發展。

對共濟會而言，法國是非常適合的地方。路易十四的專制政權剛結束，法國急需從這沉悶的重壓中解脫。人們渴望自由，對英國及其制度更是充滿了好奇。（參照上述諾頓著作）

追求自由思想，愛好英國，是十八世紀法國的趨勢。共濟會也搭上了這波順勢潮流。

法國的二派共濟會，在一七三六年至一七三七年左右合併，成立法國總本部（Grand Lodge de France）。而英國系也從倫敦的總部相對性地獨立了。但是到了十八世紀後半，總部內發生了派系鬥爭，停止運作。一七七三年再度成立「法國總本部」（Grand Orient de France），由沙特公爵（duc de Chartres）擔任總部長，重新再出發。

雖然有王公貴族擔任其中幹部，法國警方仍對共濟會十分警戒。因爲曾經十分盛行，聚集了大批群眾，加上祕密集會有策劃陰謀之虞，因此認爲對國家的安全造成威脅。

此外，共濟會與英國關連極深，也有可能會有英國間諜藏匿其中。在當時動盪的國際情勢中，共濟會極有可能會遭利用。但是因爲諸侯貴族參與其中，警察也不太敢進行嚴格的取締。也有人懷疑路易十五及路易十六也加入共濟會，因爲不管怎麼說，他們身邊的親信權貴也多有共濟會員。

法國許多上流社會的權貴加入共濟會，組織了分部。共濟會在社交界成爲一股流行趨勢。據說在奧圖（Auteuil）的愛爾維修（Helvétius）夫人宅邸成立了「九人姐妹會」，聚集了當時所有的文化知識菁英，像是伏爾泰（Voltaire）、曼恩・德・比朗（Maine de Biran）、孔多塞（Marquis de Condorcet）等哲學家，天文學家拉朗德（Joseph Lalande）、醫師卡巴尼斯（Cabanis）、畫家格樂茲（Greuze）、雕刻家烏東（Jean-Antoine Houdon）等。

伏爾泰

十八世紀後半，共濟會在法國又增加了神祕主義要素，擁有複雜的階級制，而這一點就足以增添神祕性了。英國系的共濟會，只有師傅、工匠、徒弟三級位階。而在法國，在這三級以上還有許多祕密的位階。

這個想法據說是由倫賽（Andrew Michael Ramsay）所提出的。他出身蘇格蘭，遍遊歐洲各地，學習神祕主義學，在倫敦時加入了「皇家學會」，並於牛津大學取得法學博士。一七三〇年，加入倫敦的號角集會所，一七三八年發表《倫賽言論集》。

倫賽認爲共濟會的起源是聖殿騎士團，目的在於透過無可取代的友誼，將所有人連繫在一起，是無國界、全球性的思想。他並且在既有的師傅、工匠、徒弟三個位階之外，再加上祕密的高位階級。

這些祕密由騎士團傳承下來，並沒有什麼奇怪，是一種「將所有國家的人都當做自己的夥伴，在同樣的友情基礎下合而爲一的珍貴連繫」，倫賽如此說。

十字軍的騎士們回國之後，便在各自的國家成立集會所。祕密的高位階級，雖然在其他集會所已遭遺忘，但是仍在蘇格蘭的會所悄悄地流傳下來。倫賽就是使這項制度在法國重生的人。一七四三年，法國總部設立了「蘇格蘭領袖」（Maîtres Ecossais

〔Scotch master〕）的高級位階。因 Ecossais 即是蘇格蘭之意，由倫賽傳來的祕密高級位階即稱爲「蘇格蘭主義」。

倫賽將過去三個位階之上，另外增設了（蘇格蘭領袖、修練士、聖堂騎士、皇家之門）四級高位階。法國總部長克列蒙伯爵對於這些高級位階，也非常重視。

歷史學家諾頓懷疑這些高位階並非源自蘇格蘭，他認爲事實上應該是法國總部自創的，而且是一個接著一個逐漸往上增加的。一七四九年，設定了最初的騎士位階「東方騎士」，而後完成了三十三級位階的體系。

倫賽的出現，爲十八世紀後半的共濟會帶來極大的變化。即共濟會的起源不再是工匠，而是聖殿騎士，增添了神祕性與知識份子色彩，並往上建立高級位階，透過各種考驗與捐贈，帶來步步高升的趣味，也更強化了它的神祕感。近代的共濟會到此一時期，可以說具備了完整的祕密結社結構。而這個結構，也成爲幾乎所有祕密結社學習的藍本。

將這個結構的內容加以歸納，就是它有著複雜的位階制，而每一個位階隱藏著祕密。每升上一階，就可以明白其中的祕密，而且「天外有天」。於是，入會儀式依照各級位階舉行許多次，也常有機會增加新成員。爲了讓成員常保持新鮮感，必須不斷地讓他們往上升級。

像這樣在過去三級位階的簡單組織上，再設置高級位階，就好像祕密結社中，再組織另一個祕密結社一般，成爲一種堆疊式的組織。然後再形成幾個分派，各自任意設定位階關係。

法國的共濟會的總部於一七六六年分裂，出現鬥爭與鬧事，於是所有集會都被禁止，活動停擺，直至一七七一年，由沙特公爵主持著手再建。一七七二年解散總部，並法國總部改名爲法國大東會（Grand Orient de France）重新出發。

一般認爲大東會是法國從英國共濟會獨立出來的組織。注目東方之光，收納啓蒙主義、自由思想等灌注法國革命的思想，也與法國革命有著共同的宣言——自由、平等、博愛。因此，有些學者認爲，法國革命來自於共濟會的陰謀。

羅馬與共濟會

羅馬的天主教會視共濟會爲異端，並禁止教徒加入。一七三八年，教皇克勉十二世（Clement XII）勅令驅逐共濟會。原因是這個祕密主義背著教會，成爲策動陰謀的溫床。

歷代教皇都曾經同樣發出禁令，但始終無法徹底取締共濟會。而共濟會的儀式仍不斷被攻訐爲惡魔主義。尤其是常被認爲主張偏向自由思想與無神論的法國大東會。

一七五一年，教皇本篤十四世（Pope Benedict XIV）發出共濟會禁令。當時是宗教審判時代，共濟會在西班牙及蘇格蘭都遭到相當嚴重的壓迫。這個時代有個奇特的傳聞，即卡利歐斯托伯爵（Cagliostro）事件。他在加入共濟會時，也組織了法術集會。不知道他是傳授人們神祕學識，或者根本是個詐騙師。但是到十八世紀後半，共濟會極爲盛行，據了解有許多人參加集會，企圖藉此風潮大賺一筆，也因此讓共濟會添加了神祕、詭譎的色彩。

出生於西西里島的巴爾薩摩（Giuseppe Balsamo），宣稱他到馬爾他島時，向馬爾他騎士團習得了「薔薇十字」的法術。返回義大利後，他就自稱爲卡利歐斯托伯爵，是艾西絲神的大祭司，並加入共濟會成立「艾西絲神殿」集會所。後來以聖殿騎士團的代理人、「埃及共濟會」創立者聞名。但是其詭異的法術，使共濟會內部也對此人十分存疑。

雖然如此，因爲運用了共濟會中有力的人脈關係，卡利歐斯托仍得以進入法國宮廷。但是在一七八五年，他涉及一樁「皇后首飾案件」。卡利歐斯托假皇后瑪麗·安東尼特（Marie Antoinette）之名，向珠寶商詐騙了許多貴重首飾，最後被驅逐出法國。

一七八九年，卡利歐斯托回到羅馬。這一年，法國革命爆發。一七九〇年，他被羅馬宗教審判所判爲異端而遭逮捕，最後終於在一七九五年死於獄中。法國革命被視爲共濟會所策劃的陰謀。從中崛起的拿破崙，也利用共濟會，對抗教會的勢力，使得教會與共濟會一度對立，關係陷入最惡劣的狀態。拿破崙敗北後，一八一四年，教皇庇護七世（Pius VII）再次將共濟會逐出境外。除此之外，光明會、埃及祕儀、燒炭黨也都列入黑名單中。

但是，法國革命後，教會的勢力大幅衰退，所下的禁令也失去了決定性的影響力，直到希特勒領導的納粹德國，才開始對共濟會再度鎮壓。關於這個部分，待後續章節再詳述。

第二次大戰之後，教會與共濟會試圖和解，但未成功。天主教教會仍然對共濟會採敵對態度。

《魔笛》與共濟會

莫札特是共濟會成員，而歌劇《魔笛》，則表現出他的世界觀。首先簡單地介紹劇情概要。王子塔米諾受到大蛇襲擊，被夜之后的三名侍女所救。塔米諾聽聞女王的女兒帕米娜被薩拉斯特洛擄走，立誓要將她救出。於是三名侍女將魔笛和鈴交給塔米諾。並由獵鳥人巴巴給諾帶他到薩拉斯特洛的神殿去。沿途，塔米諾遭遇了各樣試煉，他勇敢地一一克服，最後終於救出了帕米娜，兩人終成眷屬。薩拉斯特洛所扮演的角色並非暴君。事實上夜之后才是惡者的化身。薩拉斯特洛給予塔米諾許多的困難試煉，爲了是帶領他到一個至高的境界。

莫札特

薩拉斯特洛的神殿，又稱爲艾西斯與歐西里斯神殿。僧侶們手提著金字塔形的燈具。也表現了埃及的祕密儀式。薩拉斯特洛代表的是瑣羅亞斯德（教）。而這樣一齣頌讚艾西絲、歐西里斯、瑣羅亞斯德等所謂異教諸神的歌劇，一七九一年竟在維也納堂堂上演，造成了相當大的震撼。

王子塔米諾所受的種種試煉，意味著共濟會的入會儀式，這一點，當時的人們應該都能了解。他所造訪的，是森林中「叡智的神殿」。而在此地看到的僧侶，向他伸出友誼的手，帶他來到聖殿。接下來，塔米諾立誓無論什麼樣的試煉都將堅忍接受，而僧人告訴他首先是保持緘默，於是他與僧侶握手為約。

這個保持緘默與握手的動作，就是共濟會的祕密。在《魔笛》中，僧侶說：「讓我們握握手！」聽起來沒有什麼特別，但卻不僅是單純的問候。藉著握手和共通密語，讓共濟會的成員即使身在陌生的地方，也能夠辨識出自己的同伴。而從握手的方式也可以知道對方的身分。徒弟的握手是「boaz」，工匠是「Jachin」，而師傅則是「lion」，各不相同。中國的祕密結社，也有一定的握手方式及密語。

《魔笛》歌劇中，處處可以見到共濟會的暗示與象徵。在當時共濟會被嚴重打壓的背景下，可以說是極為大膽的表現。

莫札特在一七八四年，加入維也納的「慈善」集會所。應該是之前居住薩爾茲堡時期，受到周遭許多共濟會成員影響的緣故。但是，在他加入之際，正是共濟會面臨危機脅迫的時期。

一七七六年，德國巴伐利亞州的亞當．威索（Adam Weishaupt）創設光明會。光明會從共濟會吸收了許多成員，可說是共濟會的激進派。因顧慮其革命思想，在巴伐利亞州遭禁令，連共濟會也受波及，一併列為取締對象。

莫札特入會時，共濟會正邁入暮冬。當時他強烈感受到這一點，一七九一年藉由發表《魔笛》，大力歌詠共濟會的思想，人人耳熟能詳，亟欲力挽狂瀾。據說他甚至自行組織了名為「洞窟」的新集會所。然而《魔笛》雖然輝煌成功，那一年年底，莫札特卻不幸去世。

突如其來的死亡，坊間耳語著莫札特是被毒害身亡。其中一個說法，是遭共濟會毒殺。據說莫札特加入「慈善」這個小型集會所後，不久，「慈善」即被一個大集會所「加冕之望」合併。這個集會所偏向貴族化、保守傾向。莫札特對這個策略非常不滿，打算脫離另組一個新的「洞窟」集會所。於是就遭到毒殺。雖然一般不太認同這個說法，但卻不斷被謠傳著。

莫札特熱切期待共濟會重生的願望終究沒有實現。一七九四年，神聖羅馬帝國皇帝弗蘭茨二世在奧地利境內發出共濟會的禁令，展開嚴厲的鎮壓行動。莫札特發表《魔笛》，可說是選對了好時機。

共濟會創造了美國

根據塔伯特在《美國的共濟會——營造社群的三世紀》❺書中表示，全世界約有四百萬名共濟會會員，而其中一半以上在美國。美國可說是共濟會最興盛的國家。在整個美利堅合眾國中，據說就有一萬三千個集會所。而美國總統從第一任華盛頓到雷根，總共有十六位是共濟會會員。共濟會在美國史上發揮了極大的影響力。尤其是美國獨立，有些人甚至認爲，美國的建立就是共濟會的陰謀所成就。

十七世紀末，來自歐洲的移民將共濟會傳入了美國。時間是在倫敦總部成立以前，因此未被統合。一七三三年，他們在波士頓成立了第一個向倫敦取得公認的集會所。

美國因融合了來自各地的移民，需要一超越種族與宗教的兄弟會，共濟會在這樣的環境下自然就發達興盛。

波士頓的「第一集會所」（first lodge），稱爲「聖約翰總部」（St. John's grand lodge）。與之相對的，還有「聖安德魯斯集會所」（St. Andrews lodge），是屬於蘇格蘭派系。「聖約翰」是以上流階層爲中心，較趨保守；而「聖安德魯斯」則是屬中產階級，偏向激進態度。

美國欲脫離英法對殖民地的管轄。其中一個導火線就是茶稅法。英國政府向來對美國徵收茶稅。一七七三年十二月十六日，停靠在波士頓港口的東印度公司商船遭襲擊，船上所有的茶葉全都被丟到波士頓港灣裡。這就是所謂的「波士頓茶會事件」。這個事件成了美國獨立戰爭的導火線，但也有人認爲是聖安德魯斯集會所策劃的陰謀。

事實上，這個事件是由一個名爲「自由之子」（sons of liberty）的團體所做的。而這個團體中，確實是有許多聖安德魯斯集會所的成員。

一七七五年四月十九日，英國與美國在萊辛頓市（Lexington）首次爆發了武力衝

---

❺Tabbert, Mark A., *American Freemasons: Three Centuries of Building Communities*, National Heritage Museum, 2005.

突。聖安德魯斯集會所的領導人約瑟夫・華倫（Joseph Warren）在地堡小山（Bunker Hill）戰役中身亡。

一七七六年，美國發表獨立宣言。由傑弗遜（Thomas Jefferson）擬定草書。也有人誇大地表示當時的五十六名簽署者幾乎都是共濟會成員，但事實上應該只有十五名，包括了富蘭克林（Benjamin Franklin）。

富蘭克林生於波士頓，曾在印刷廠當過學徒，一七二四年離家前往倫敦。一七二六年，他回到費城，不僅從事出版業，還創辦新聞《賓州公報》（*Pennsylvania Gazette*），親自擔任主筆。在倫敦時因受共濟會影響極深，於一七三一年入會。

不久，富蘭克林走上政壇，以賓州代表的身分活躍於英國。一七七五年回國後，擔任獨立宣言之起草委員。一七七六年，他與傑弗遜一同代表美國派駐法國。富蘭克林不但是一位思想家，也是科學家。因此派駐歐洲時，與許多文人科學家多有往來，形成廣大的人脈網絡。其中共濟會的夥伴也提供了許多的協助。

據說富蘭克林於派駐法國的這段期間，藉由這些人際關係，大大擴展了美國的外交。一七七七年在法國時，加入了「九人姐妹集會所」。並且也讓伏爾泰加入了這個集會所。

提到這個時代最著名的共濟會成員，當然就是美國第一任總統，建國之父喬治・華盛頓。根據傑佛瑞在《共濟會——世界上最古老的祕密結社內幕》❻的說法，華盛頓確實是共濟會成員，只是不像富蘭克林那般熱心投入各種活動。

總而言之，美國獨立後，在組織政府與議會之際，共濟會扮演了相當重要的角色。畢竟，再也找不到一個團體能夠像共濟會一般，在各州都設有支部，具備全國性規模的組織了。因此，在十三州的選舉中，有許多的共濟會成員當選。而理所當然地，華盛頓當選爲美國第一任總統。

有人認爲，美利堅合眾國是由共濟會所建立的，這樣的說法未免太過單純。畢竟美國開國元勳中，也有像傑弗遜者，並非共濟會成員。但不容否認，共濟會的組織勢力確實是龐大。

美國共濟會的徽章圖像，是以矩尺和圓規，圍繞著一個英文字母G。矩尺代表正

❻ Jeffers, H. Paul, *Freemasons*, Citadel Press Books, 2005.

共濟會徽章圖像。

直與誠實；圓規是欲望與行動的平衡。至於G，則代表了幾何學（Geometry）與神（God）。

在美國建國的紀念碑與象徵圖案上，經常可以看到共濟會的記號。華盛頓紀念碑有埃及式的方形尖頂石柱，美利堅合眾國國璽上也有十三層的金字塔與象徵「全能之眼」的記號。而金字塔和「全能之眼」的圖形，也在一元美金的紙幣上出現。

基於這些理由，才會出現一些陰謀論，主張美國是共濟會之國。

共濟會與法國革命

據說法國革命也是由共濟會發起。因爲共濟會的理念「自由・平等・博愛」，就是法國革命的口號。諾頓表示，早在一七九一年，就有人認爲法國革命是共濟會所策動的。艾維・路法蘭（Ave Lufran）曾寫下《由好奇者揭開的神祕面紗，亦或共濟會揭露大革命的祕密》。此外一七九七年耶穌會的院士亞培・巴留耶魯（Abbé Augustin Barruel）

也寫下了《雅克賓主義歷史摘要》（*Memoirs Illustrating the Historg of Jacobinism*）四卷鉅作。書中認爲共濟會即是光明會，皆是建立於革命激進派雅克賓（Jacobins）思想的基礎上。

法國革命的根本，即自由思想的確由生根於共濟會。自由思想家伏爾泰即是共濟會成員。尤其到了十八世紀後期，有聖傑爾曼伯爵（Comte de Saint-Germain）、卡薩諾瓦（Casanova）等怪誕的法術師，以共濟會員之名暗中進行活動。換言之，即使是共濟會，也有許多支派。或許正因如此，共濟會（Freemason）才會解釋爲自由（free）的石匠（mason）。

一元美金紙幣的背面，印有金字塔與「全能之眼」的圖樣

一七八九年，法國政府陷入財務危機。路易十六意圖向貴族徵收稅金，一百七十五年來首次召開三部會。相對於僧侶、貴族，處於第三身分的平民組織了國民議會，主張反對

貴族的特權。皇室發動了軍隊，造成雙方衝突，巴士底區被襲擊，隨即引爆了法國革命。有人說這次革命的煽動者德穆蘭（Camille Desmoulins）律師是共濟會成員。雖然事實並非如此，但是照一般人的想法，總是認爲所有的激進派份子全都是來自於共濟會。

國民議會組織了國民軍，並任命拉法葉（La Fayette）擔任司令官。他是美國獨立戰爭的英雄，也是共濟會成員。因爲他讓王室承認國民議會的權利，因此也設法讓君主制度繼續維持下去。

然而戰事愈演愈烈。主流勢力雅克賓派也分爲穩健派與激進派。激進派以但敦（Georges Jacques Danton）、馬拉（Jeau Paul Marat）爲領袖，而馬拉爲共濟會成員。他原是瑞士的醫生，經常游走於歐洲，在倫敦時加入了共濟會。

法國革命震驚了鄰近的歐洲諸國。共濟會成了千夫所指的元凶，取締的行爲全面展開。

路易十六與瑪麗皇后暗中向奧地利及普魯士王室求援。雅克賓團發現此事，便攻擊了瑞士傭兵隊看守的杜樂麗宮，逮捕了國王。爲此，特別從馬賽選出了六百名義勇軍。他們的隊長韋斯特曼（Joseph Westerman）便是共濟會成員，他們唱著共濟會成員德利斯勒（Claude Joseph Rouget de Lisle）作曲的〈萊茵守軍戰曲〉（Chant de guerre de l'Armée du Rhin），前進巴黎。後來，這首歌改名爲〈馬賽進行曲〉（La Marseillaise），並被當作法國國歌。馬賽義勇軍攻破杜樂麗宮，挾持了國王與皇后，軟禁在監獄中。

在法國革命中，出身於法國皇家的共濟會演出了愚蠢的一役。擔任法國的總本部大東會總管的是沙特公爵菲利普（duc de chartres, Philippe）。他與路易十六是表兄弟，在他父親死後成爲奧爾良（Orléans）公爵。野心勃勃，謀算著一旦路易十六退位，自己就要繼承王位。他擔任共濟會的總管一職，也是爲此鋪路。菲利普對於革命非常熱中，有「菲利普‧平等主義者」（Philipps Égalité）的美名。一七九三年，國民議會決定處死路易十六時，菲利普也投下了贊成的一票。

共濟會發動了法國革命，而擔任總管的菲利普贊成將表兄法國國王處死，這一點引來極大抨擊。不久，菲利普也以革命敵人的罪名，被送上斷頭台。而斷頭台的名字來自於吉羅汀（J. I. Guillotin）博士。他是一名醫生，雖然斷頭台並非由他所製造，但是據說是因爲吉羅汀博士主張行刑器具的必要性，所以斷頭台以他的名字爲代表。順帶一提，吉羅汀博士也是共濟會成員。

法國革命初期有許多共濟會成員加入。但是後來革命追剿著他們，共濟會成員被審判爲反革命分子而處刑。諾頓在《共濟會》提到說，共濟會「的事前預謀論，如今已不可考。」

猶太與共濟會

一般人之所以認爲共濟會即是具有陰謀的祕密結社，最大的問題來自於它與猶太人之間的關係。在現代陰謀論中，共濟會與猶太人是分不開的，幾乎不需特別理由就會被聯想在一起，兩者之間的關係究竟是如何形成的呢？

令人意外地，這兩者之間，據說其實是十九世紀末才開始有了交集。里德利在《共濟會》❼一書中說，始於十九世紀末的一些對共濟會各種攻擊論斷，有兩個不同於過去的現象。第一，過去無論是批評共濟會煽動法國革命或美國獨立等，原因或許是具體（即使只是共濟會的一部分人）事件；然而到十九世紀末，完全都是以一些憑空想像的陰謀來批評與攻擊。

第二點也和這有關係。一八八〇年代開始，各國反猶太主義聲浪高漲，並且與反共濟會勢力相結合。

始於一八八〇年代的反猶太主義有別於以往。在從前，由於宗教性的鎮壓，猶太教逼迫人們改變原來的信仰，獻身猶太教。但是到了這個時代，種族性的反猶太主義大行其道，只要是猶太人，就會遭到攻擊排斥。猶太人就是共濟會員，共濟會員就是猶太人，這樣強行連想，勾勒了一個虛構的陰謀論。而二十世紀的納粹主義即是承襲了這套理論。

二十世紀初出版的《錫安長老議定書》（*The Protocols of the Elders of Zion*），認爲猶太人等於共濟會成員，暗中密謀征服全世界。後來發現這本書原是沙皇時代的僞作，但至今日仍不斷發行。

十九世紀末共濟會與猶太形成連結，而到現代，我們對「祕密結社」的印象應該

❼ Ridley, Jasper, *The Freemasons*, Arcade Publishing, 1999.

就是由此而來的吧！就是這些超現實、虛幻的假設學說，迷惑了我們，如同一個解不開的魔咒。

爲什麼共濟會會與猶太產生關連呢？十九世紀末新的反猶太主義又是爲何而起的？關於這些問題，雅各·凱茲（Jacob Kats）在《猶太人與共濟會》❽中有詳盡的分析說明。

共濟會在原則上，可以接受不同宗教的人加入成員，思想上傾向自由主義。而自中世紀以來就飽受歧視、屈身於貧民區的猶太人，這時開始覺醒。他們想要走出過去，跨足到近代化社會。因此，許多猶太人加入了追求自由的共濟會。

有些共濟會集會所對猶太人的加入感到困擾，並設下限制。而有些則是採開放的態度。因此，如果人們攻擊猶太人，就等同於攻擊那些接受猶太人的共濟會。

一八九四年發生在法國的德萊菲事件，即表明了猶太與共濟會兩者之間的連結。有人質疑德萊菲（Alfred Dreyfus）軍官向德國洩露軍事機密，以間諜之名將他逮捕。左拉（Emile Zola）等幾位學者認爲猶太人德萊菲遭污蔑陷害，挺身力保。輿論分爲兩極相對立。

支持德萊菲者大多是共濟會成員，但其中左拉及克萊蒙梭（Georges Clemenceau）則否。而反德萊菲派者則將矛頭一律指向共濟會，嚴厲撻伐，要求政府下令禁止共濟會繼續活動。在他們腦中已經深刻烙印下一個固定的圖示：猶太人＝共濟會成員＝危險的左翼份子。從十九世紀末開始，「祕密結社」進入了一個超現實的新時代。

❽ヤコブ・カッツ『ユダヤ人とフリーメーソン——西欧文明の深層を探る』大谷裕文訳，三交社，一九九五。

第四章　十九世紀

光明會

從歷史到幻想

光明會是德國巴伐利亞省出現的祕密結社。雖曾盛極一時，卻僅留下短暫的歷史。儘管如此，其所產生之幻想卻一直存留於世，成爲現代陰謀史家最熱中研究的祕密結社。而且他們認爲所有的世界性的陰謀論，都有光明會的影子在其中。

首先來談談光明會的短暫歷史。光明會於一七七六年由在巴伐利亞省的英格斯達（Ingolstadt）大學教授法律的亞當．威索所創立。因其參考了共濟會的組織，因此也被認爲是共濟會的支派，雖被視爲是異端，但事實上其本質與共濟會有著相當大的差異。威索抱持激進的改革思想，將原爲中庸穩健的共濟會改造爲激進的政治結社組織。

在共濟會內，按規定是不談論宗教與政治的話題，而光明會卻提出這些問題來加以討論。在革命氣氛高漲的一七八三年時，據說光明會在巴伐利亞有六百名會員，且在歐洲也有其同伴。

謝夫．尤丹的著作提到，光明會內分爲三個位階，而各位階再往下分級：

（一）儲備位階

(1)準備級（預備級）　(2)新入級　(3)實習修道士級　(4)小光明級。

（二）共濟會的位階

象徵性——(1)學徒　(2)工匠　(3)師傅。

蘇格蘭系——(1)大光明級　(2)高級光明級。

（三）祕儀位階

小祕儀——(1)司祭　(2)攝政。

大祕儀——(3)法術師　(4)王。

一旦升上祕儀的位階，組織即告知光明會眞正的目的是推倒國家權力，消滅所有的王侯貴族。到了法術師的位階，則會被教導神與世界是合而爲一的唯物論性的泛神論。再往上到達王的位階時，組織就會清楚地告知世界人類一律平等的祕密。尤丹認爲光明會爲最終極的無政府主義。

一七八二年馮・克尼格（Von Knigge）男爵加入光明會後，帶來光明會的興盛。但威索以克尼格的宗教性過強爲由，將其逐出會。之後光明會在他的獨裁下，變得更具政治性、革命性。

一七八四年巴伐利亞選帝侯開始懷疑光明會的陰謀。有四位受到威脅的光明會會員，向巴伐利亞選舉侯密告光明會熱中於褻瀆基督教的惡德。

一七八五年光明會被迫解散，威索被趕出巴伐利亞，並且遭到流放。

光明會就這樣結束了它十年左右的短暫歷史，從此消失了蹤跡。尤丹的書中提及後來的法國大革命受到了光明會影響，但這種說法只不過是推測而已，並以此結束了光明會在該書中的章節。但是，原本應該是已經死亡的光明會，卻在各地死灰復燃。在現代的陰謀論裡，「光明會」獲得了全新的詮釋。

光明會就像是個只存於偏執的陰謀家腦中一個妄想般的祕密結社而已。他們認爲我們所有的生活，均爲某些祕密的社會精英分子所支配。爲了支持這種恐怖學說，動員了所有的一切。❶

在現今的陰謀說中，光明會由名爲「三百人委員會」的社會菁英分子所支配，據說他們的目的是創造「世界新秩序」。將這僅只十年左右即消失的祕密結社誇大描述的，就是娜絲塔・韋伯斯特（Nesta H. Webster）的《世界革命與光明會》❷一書。女性的陰謀史學家並不多見，而她非常堅持地認爲法國大革命到俄國大革命，都是光明會所發起的。她進而出版了《世界革命與光明會》（一九二〇）、《世界祕密結社》（一九二五）二書。而這兩本書，後來都成了現代陰謀史家們的研究材料。

據韋伯斯特的看法，光明會雖然被禁止，但卻潛入地下，並且不斷地再生。據說無政府主義（Anarchism）等也都是光明會的流派，擴展著顛覆世界的陰謀。凡有革命之處，總是會看到光明會的影子。而且韋伯斯特也認爲企圖征服世界的《錫安長老議定書》中的長老們，就是法國共濟會總部「大東會」的三十三位階會員。於是猶太人＝光明會＝共濟會的模式就此產生。當然俄國大革命也是光明會搞的鬼。

❶ Harding Nick, *Secret Societies*, Pocket Essentials, 2005.
❷ ネスタ・H・ウェブスター『世界革命とイルミナティ』馬野周二訳，東興書院，一九九〇。

一般認爲共濟會分裂爲兩大流派：正統派的共濟會，以及已經與光明會同化的共濟會。而據說後者的中心即是法國的「大東會」。甚至於美國的共濟會也被認爲已經光明會化了，到最後更把一元美金紙幣的月亮和金字塔的圖樣，視爲光明會的標誌。

哈定就曾諷刺地說，一旦金字塔的標誌全部是光明會的話，那到最後哈利波特的故事不也就是光明會的教導嗎？而如此一來作者J．K．羅琳不就成了光明會的間諜了？由此可知，在現代光明會已經變成了惡魔的代名詞。

但是有趣的是，從一九七〇年代新世紀（New Age）風潮中，將光明會和外星人結合在一起，成了科幻的熱門主題。如美國知名小說家羅勃．威爾森（Robert Anton Wilson）所寫的《光明會文集》（*Illuminati Papers, 1980*）等有關光明會的幻想，已經擴張到娛樂的次元。

燒炭黨

燒炭黨起初被認爲是義大利的燒炭工會，後來成爲抵抗拿破崙統治的抗衡組織。其起源據說是拿坡里共濟會中的光明會系。有關燒炭黨的起源眾說紛紜，並不是很清楚，但史特勞・喬瑟夫（Stuart Joseph）在《義大利史一七〇〇～一八六〇》❸中認爲燒炭黨是由進駐義大利的法國人軍官傳進了光明會中稱之爲「兄弟會」的結社，再由這個結社所衍生出來的。

另外有一說是，法國的佛朗什・孔泰（Franche-Comté）地區也有燒炭黨員的工會。而到拿波里上任的前雅各賓黨的喬瑟夫・布里歐（Pierre-Joseph Briot），以此工會爲基礎創造了義大利的「燒炭黨」。十九世紀初，拿破崙軍所統治的義大利，獨立運動高漲，出現了許多的祕密結社。「燒炭黨」以義大利南部爲中心，在北部則有「至高無上的老大們」（Les Sublimes Maîtres Parfaits）團體，由菲利浦・龐那瑞特（Filippo Buonarroti）所指導。

一八二〇年，在拿坡里發生了以燒炭黨爲中心的叛亂，目的就是要讓立憲革命成功，但最後卻被奧軍所壓制，並未成功。燒炭黨的幹部於是亡命巴黎。在一八三一年

❸スチュアート・ジョーゼフ・ウルフ『イタリア史　一七〇〇—一八六〇』鈴木邦夫訳，法政大学出版局，二〇〇一。

時雖再度蜂起，但再次被奧軍所擊敗，燒炭黨的活動從此畫下休止符，獨立運動則由G．馬志尼（Giuseppe Mazzini）的「青年義大利黨」等承接志業。

一八二〇年在拿坡里的叛亂中潰敗的燒炭黨傳到了法國。由七個人組成的「法國大會」瞬間就在法國境內擴展開來。一八二二年，法國已經有了六萬人的燒炭黨的黨員。據說後來的拿破崙三世也是黨員之一。

薔薇十字的復活

世紀末與密術信仰

十九世紀是一個奇特的時代。在工業革命點燃近代之光之前，原本應該早已消失無蹤的法術、密術信仰（occultism）、神祕主義、心靈主義等魑魅魍魎，同時全都冒了出來。因此，世紀末同時也是所有類型「結社」匯聚的時代。

薔薇十字團與其直接的繼承者，在十八世紀看起來似乎就已經消聲匿跡了，但是十九世紀末有數個薔薇十字團陸續復甦。爲何古老的法術與神祕的結社會再度甦醒呢？

這個時代，會接近神祕教派的人，其主要動機在於不滿西洋科學硬將它們的價值體系加諸於一般人。譬如，哈爾葛雷傅・詹寧斯（Hargrave Jennings）在讚美古老的神祕教派「薔薇十字會」的史書中，一開頭就攻擊了近代科學是個自傲的「氣度狹小的教條主義」。另外，英國的新神祕組織「神智會」的一名活躍會員艾佛瑞特・帕西・西奈特（Alfred Percy Sinnett）更認為這種迷信地講求測量、漠視無法測量的知識的態度，正是近代科學的特徵。❹

一八六七年「英國薔薇十字協會」於倫敦設立。一八八七年，從這個協會又誕生了「黃金黎明」（Golden Dawn）。「黃金黎明」是在世紀末復活的薔薇十字團的中心結

❹ジャネット・オッペンハイム『英国心霊主義の抬頭——ヴィクトリア・エドワード朝時代の社会精神史』和田芳久訳，工作舍，一九九二。

社。一八八八年思特尼斯拉斯・德・蓋特（Stanislas de Guaita）在法國設立了薔薇十字玫瑰團。

在美國，H・史賓塞・路易斯（H. Spencer Lewis）於一九〇九年設立了古代神祕薔薇十字團。另外，丹麥人馬克斯・韓德爾（Max Händel）於一九一一年時在洛杉磯設立了薔薇十字協會。

黃金黎明的徽章圖像

一八八八年出生於西班牙的醫師傑拉爾・安克斯（Gerard Encausse）組成了馬汀主義（Martinism）教團，承繼了聖馬丁（San Martin）的神祕主義，目標在於成爲具有薔薇十字特色的共濟會。

一八八八年，德國的法蘭茲・哈德曼（Franz Hartmann）也組成了「祕教薔薇十字團」。當時各地均成立了薔薇十字團，並且各自主張自己才是眞正的繼承者。

黃金黎明

「黃金黎明」被認爲是神祕學的集大成和百科全書。其根源的其中之一就是薔薇十字思想。一八六七年，服務於倫敦的共濟會堂的羅伯特・溫特沃斯・理德爾（Robert Wentworth Little）創立了英國薔薇十字會（SRIA）。然後由這個會的會員威廉・韋恩・威斯考特（William Wynn Westcott）和山繆・利德爾・梅瑟斯（Samuel Liddel MacGregor Mathers）從協會分支出來，另設了「黃金黎明」。

「黃金黎明」自稱乃是獲得了德國薔薇十字的安娜・斯布林格爾（Anna Sprengel）的許可。而據說安娜就是光明會之地——巴伐利亞人，然而這似乎只是個虛構的傳說。同時梅瑟斯也隸屬於稱之爲詹姆斯黨（Jacobite），波旁王朝支持者的結社。而該爲一民族主義團體，主張蘇格蘭的正統王位應由巴伐利亞的路域（Ludwig）皇太子之妻瑪麗亞・泰瑞莎（Maria Theresa）來繼承。

「黃金黎明」或「神智學」等世紀末的神祕學結社，與詹姆斯黨式的政治性結社互相重疊。因此，入會性祕密結社和政治性祕密結社，無法明確二分。

也有人認爲「黃金黎明」特別是在初期時，是個家庭婦女也可以參加的沙龍，屬於非政治性的神祕學同好會。但是如果梅瑟斯也加入了詹姆斯黨的話，那就無法斷言「黃金黎明」是完全沒有政治意圖的結社。

但是出現於世紀末的「黃金黎明」或「神智學」，擁有當時的神祕結社不曾有過的新傾向。在那之前的祕密結社，就如共濟會一樣，幾乎都是男性結社。但是這兩個結社都有女性參加，並擔任相當核心的職務。「黃金黎明」被認爲由傳說中（極可能是虛構人物）的德國女性斯布林格爾所傳承；而「神智學」則是以布拉瓦茨基（Blavatsky）夫人爲中心。

女性參加祕密結社，可能是受了世紀末的女性運動浪潮的影響。雖然到目前爲止不太爲大家所論及，但是祕密結社與性別差異的問題是十分重要的。爲什麼祕密結社會以男性爲中心？難道「祕密」與身爲男性這件事，有著什麼樣的關連嗎？

「黃金黎明」是由共濟會的黨員所組成的。兩者的關係很複雜。「黃金黎明」看起來似乎是共濟會的　個支派，但是由於它也開放給非共濟會員或女性參加，因此也可說與共濟會是不同的結社。關於這點，在「黃金黎明」的內部，也有各種不同的意見，它與共濟會之問的關係，總是若即若離。

梅瑟斯似乎是個非常有能力的理論建構家，他將在當時眾說紛紜的神祕學諸家理論，很有技巧地整理成一個體系，其中包含了猶太教神祕主義（gabbaibh，希伯來語）、塔羅牌、占星術、薔薇十字傳說等等。克里斯多夫・麥肯金（Christopher McIntosh）曾說「梅瑟斯所創造出來的禮儀體系，比教團本身存續得更爲長久。」❺由於「黃金黎明」挑起了世紀末知性、藝術性的想像力，因此聚集了相當多的會員。一八八八年已經有了五十一位會員，其中有九位是女性。一八九〇年時，詩人葉慈（William Bulter Yeats）也加入了「黃金黎明」。

葉慈

梅瑟斯與學畫的學生米娜・博格森（Mina Bergson）結了婚。米娜是法國哲學家亨利—路易斯・博格森（Henri-Louis Bergson）的妹妹。米娜和她學畫的同學安妮・霍尼曼（Annie Horniman）參加了「黃金黎明」。這個結社似乎成了當時自立後的女性的隱居所。

一般認爲「黃金黎明」的成立，是依循巴

❺クリストファー・マッキントッシュ『薔薇十字団』吉村正和訳，平凡社，一九九〇。

伐利亞人稱「斯布林格爾」的謎樣女性的指導。能夠與「祕密首領」安娜互相通訊的只有創立者威斯考特。只要他說是安娜的指令，任何人都無法確認到底是眞是假。

但是，「祕密首領」的問題後來變得非常棘手。一八九一年梅瑟斯隨著妻子返鄉時，順道去了巴黎。後來回到倫敦時，宣稱他在巴黎受到了「祕密首領」的指令，帶來了新的法術禮儀，代替威斯考特掌控了「黃金黎明」。從一八九二年起他開始在巴黎過著奢華的生活。自稱爲是蘇格蘭的伯爵，拓展詹姆斯黨運動，也就是在蘇格蘭復興斯圖亞特王朝（House of Stuart）王朝的運動，以凱爾特或埃及品味的服裝舉辦法術派對。

但是對於梅瑟斯一面在巴黎進行詹姆斯黨運動，一面支配「黃金黎明」的做法，在內部引起了激烈的對立。霍尼曼或威斯考特等初期的會員逐漸離開。而倫敦的「黃金黎明」則由女星佛羅倫斯．法兒（Florence Farr）成爲中心人物。

已經有些走下坡的「黃金黎明」在一八九八年有了新人加入。他就是亞利斯特．克勞利（Aleister Crowley）。出生於富裕的家庭，且受教於劍橋大學的他，同時也是一位曾經攀登過阿爾卑斯及喜馬拉雅等高峰的登山家。

克勞利起初是因對法術的憧憬而加入，但不久之後就對「黃金黎明」感到有所不足，於是成立了更爲激進的團體。

另一方面，巴黎的梅瑟斯著手進行「艾西絲運動」，要讓埃及的艾西絲女神復活，因而與倫敦支部形成了對立。克勞利由於孤立於倫敦支部，因此跟隨了梅瑟斯派，「黃金黎明」就此分裂。一九〇〇年，倫敦的法兒、葉慈等人將梅瑟斯、克勞利除名。然後推選葉慈爲領導者。但是葉慈雖是個優秀的詩人，但卻不是個具有領袖特質的領導者，因此「黃金黎明」持續了一段時間的混亂。

一九〇一年，「黃金黎明」再次受到打擊。一對名叫郜羅斯（Holos）的夫妻檔騙徒由梅瑟斯處偷得了法術文件，在倫敦以「黃金黎明」首領的名義，從事可疑的工作因而被逮捕。由於這個醜聞，「黃金黎明」的評價一落千丈。因此於一九〇三年改名爲「拂曉之星」（the Stella Matunina）。由於A・E・偉特（A. E. Waite）反對更名，因此他自己成立了稱之爲「聖黃金黎明」的分派。另一方面，巴黎的梅瑟斯則成立了愛德華・貝里茲（Edward W. Berridge）和AO派（Alpha Omega）。「黃金黎明」至此完全解體。後來，他的兒子克勞利在不久之後即創造出了完全不同的團體。

「黃金黎明」和「薔薇十字」

在祕密結社中，祕密的知識與按階段揭開的位階制是很重要的。「黃金黎明」集成了從古代到當時所有祕密禮儀，建立了祕密的位階制。在此我們就依法蘭西斯・金（Frances King）所著的《英國法術結社興亡》❻一書，來做個介紹。

人類一步一步地爬上祕密的樓梯，最後到達天上的睿知。而所謂的「黃金黎明」，事實上並不只一個，一共是由三個團體所組成。但或許該將它最下面的第一團稱之爲「黃金黎明」較爲適當。第一團的上面還有第二團，再上面是第三團。這三個團與《神曲》中地獄、煉獄、天國三個世界的經歷類似。

第一團「黃金黎明」由五個位階所構成，分別爲加入者、信仰者、理論者、實踐者以及哲人。報名入團的人一旦通過了最初加入者的儀式，即成爲新團員。

接下來的四階段代表了四個元素。信仰者代表地，理論者代表空氣，實踐者代表水，而哲人代表火。

一旦到達了哲人（火）的位階，第一團的過程即告結束。接下來必須通過進入第二團的預備門。第二團稱之爲「紅寶石薔薇與黃金的十字架」（RRAC），共有四個位階，分別爲熱心小達人（Zelator Adeptus Minor）、理論小達人（Theoricus Adeptus Minor）、大達人（Adeptus Major）、豁免達人（Adeptus Exemptus）。爲了成爲大師，展開了莊嚴的儀式。在這個儀式裡到處可見如始祖羅桑庫魯斯的生涯等薔薇十字的傳說，巧妙地穿插在其中。

　理論小達人是「黃金黎明」團員中的最高位置。在它之上的位階被視爲已超過了人類階段的位階。

　而在天堂的第三團是「祕密首領」們所存在的「巨大的白色集會所」，應稱之爲眾神，或像是外星人般存在的結社。

　麥肯金在《薔薇十字團》中舉出了兩個禮儀性的祕密結社，即赫密士的結社與薔薇十字的結社。赫密士性質的結社重視異教性、法術性，以及知識。薔薇十字團性質的結社則重視基督教性的、神祕主義性以及禱告。在赫密士性的結社中，人類一階一

---

❻フランシス・キング『英国魔術結社の興亡』江口之隆訳，国書刊行会，一九九四。

階地登上位階，最後可以成爲神。但是薔薇十字團社的結社，則認爲人類是透過基督去接近父神，而非自己變成神。

「黃金黎明」雖然綜合了這兩個傾向，然而赫密士性的法術色彩濃厚。A·E·偉特則排除了法術的要素，強調神祕主義，重視禱告甚於知識。因此屬於他的分派的「聖黃金黎明」，較傾向於薔薇十字團性質。

「黃金黎明」因此分裂爲赫密士與薔薇十字團，法術與神祕主義。這樣的兩極對立現象，在日後判斷祕密結社時，是非常值得參考的依據。

A·E·偉特認爲「祕密的首領」的指令其實並不存在，在否定第三團的同時，也指出法術性的第二團是不必要的，因而將目標放在成立以基督教神祕主義爲中心的新興教團。

相對於此，想要保衛法術性結社的團體展開了抵抗，不斷努力地持續嘗試著想與「祕密首領」聯絡。於是從「黃金黎明」分裂出來的各支流，從此流向了二十世紀。

神智學與布拉瓦茨基夫人

神智會（Theosophical Society）是由俄羅斯的布拉瓦茨基夫人在美國所組成，並在印度發揚光大的一個國際性結社。神智學這個語詞自古即有，意指古代諸神的叡智、世界的原理，由猶太神祕主義卡巴拉及或赫密士學所流傳下來。布拉瓦茨基夫人從東方的思想中，追求將所有宗教與科學合而爲一的靈性智慧。

布拉瓦茨基夫人於一八三一年出生於俄羅斯。就如同這個時代其他急欲自主的俄羅斯女性一般，她先與比她年長的男性名義上結了婚之後，出國遊遍世界各地，一八七三年來到了美國。當時在美國很流行心靈術。她第一次發現自己擁有靈能，於是一八七五年在亨利・史考特・歐考特（Henry Scott Olcott）上校的協助之下，在紐約組成了神智會。於一八七七年寫了《揭開艾西絲的面紗》（*Isis Unveiled*）一書，從猶太神祕主義到佛教、道教全都囊括在內。

神智會在美國活動了三年，但在一八八〇年時，布拉瓦茨基夫人決定將據點移往印度。在印度時與史瓦密・錫萬南達・薩拉史瓦地（Swami Sivananda Saraswati）所創始的

「亞利安社」（Arya Samaj）的宗教運動合而為一。由於她在印度很受到歡迎，因此神智會在一八八五年時已經成為一個擁有了相當大勢力的結社。

倫敦的心靈研究協會，派遣調查員到印度，後來寫了一篇否定神智會的報告。但布拉瓦茨基夫人並未受到這種逆境的打擊，寫下《祕密教條》（*The Secret Doctrine*）一書，於一八八八年出版。

而自一八八七年起，布拉瓦茨基夫人滯留於倫敦。當時在倫敦已有A・P・西奈特的「倫敦集會所」。西奈特夫婦曾於一八七九年在印度認識布拉瓦茨基夫人，並成為她的弟子。兩人於一八八三年回到了倫敦後，便成立了「倫敦集會所」，想要推廣神智學。但是沒想到布拉瓦茨基夫人出現在倫敦之後，卻另外成立了「布拉瓦茨基集會所」，兩個集會所因此形成對立。

如前所述，縱使有各式各樣的對立或分裂，神智學以布拉瓦茨基夫人個人的魅力與涵括所有要素融通無阻的教義，吸引了世紀末廣大的群眾。

由布拉瓦茨基夫人這種厚顏的外來者所混合出來的異端味道是難以抵抗的吧！而且神智學也吸引了那些畏縮不前的異端者，以及雖還貼著基督教信徒的標籤，但卻以各種非正統的嗜好來巧飾的人們。甚至還吸引了祈願消滅有意識人格的基督教神祕主義者。這都是因爲神智學最終的目的是，打開「高貴的自我，讓普遍的靈都能解放到永遠的世界去。」❼

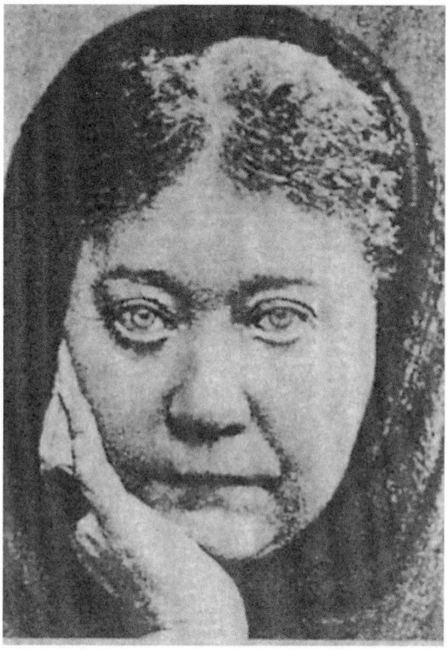
創設神智會的布拉瓦茨基夫人。

根據布拉瓦茨基夫人的說法，西藏的深山裡有個名爲Mahatma的聖人結社（被稱之爲「白色集會所」或是「大白同胞團」），他們守護著這個世界，神智學者則能夠與那個神祕的智慧互相通訊。

神智學也吸引了葉慈、克勞利等「黃金黎明」的會員。另外，由於領導者是布拉瓦茨基夫人，因此也打動了追求精神自由的維多利亞王朝女性。之後成爲布拉瓦茨基夫人後繼者的安妮·貝贊特（Annie Besant）就是其中之一。她與先生分開之後成爲女

❼引述出處參見本章注❺。

性社會主義者，也成爲蕭伯納（George Bernard Shaw）的情婦，於一八八八年時遇見布拉瓦茨基夫人後，全心投入了神智學。

神智會到底是不是祕密結社或許還有疑問。布拉瓦茨基夫人的協助者歐考特，儘量讓協會以開放的狀態呈現，刻意避免了許多的祕密或儀式，但也並不是完全都沒有祕密。因爲在協會內，必須像是布拉瓦茨基夫人這種被揀選的神智學者，才能接受來自於所謂的「白色集會所」Mahatma先師的通訊。

布拉瓦茨基夫人於一八八八年發行《祕密教義》一書。而且決定設立祕密部門，也就是高級神祕主義的特別訓練學校。

但是歐考特卻反對此項決定。因爲他認爲此種做法將會製造出帝國中的帝國，即使神智學整體是個開放的團體，但在內部中還是成立特別的祕密結社是不妥的。但歐考特最後還是被說服，成立了祕密部門。並規定這個部門除了會長暨創立者以外，不與顯教協會建立正式的合作關係。

一八九一年，布拉瓦茨基夫人死後，神智會由貝贊特與查理・韋伯斯特・李德畢特（Charles Webster Leadbeater）接續。貝贊特將神智學導向了令人意想不到的方向。

她組成了聯合共濟會（Co-Freemason）。這個結社男女雙方均可加入會員，與共濟會是對立的。另外，她在一九一二年成立了薔薇十字聖堂團。更在印度收養了克里希那穆提（Krishnamurti）爲養子，將他視爲是克里希那神與基督的再世。

魯道夫・史坦納（Rudolf Steiner）是神智會的德國分部長，但卻由於無法贊同將克里希那穆提視爲基督再世的想法，因此退會，成立了靈智會。另一方面，據說他也屬於德國的薔薇十字系的團體。

「黃金黎明」分裂時，以羅勃・費爾納（Robert William Felkin）博士爲中心的集團結成了「拂曉之星」。費爾金希望能夠直接見到「祕密首領」而接觸了德國的薔薇十字組織。該組織的指導者據說就是史坦納。法蘭西斯・金在《英國法術結社的興亡》一書中曾設想該組織可能就是OTO，即東方聖堂騎士團。據說史坦納也是OTO的澳洲分部長。

克里希那穆提

OTO由二十世紀初，德國製鐵業者卡爾・凱如納（Carl Kellner）所創立，是個具有赫密士

魯道夫．史坦納

性質的共濟會組織。擁有祕密的目的，據說就是所謂的性法術。

雖說史坦納曾經加入OTO的傳聞並不確定，但如果是眞的，他就是將神智學、OTO和「黃金黎明」融合爲一了。克勞利也與這三個組織有關。克勞利是個有名的法術師，但是教育者形象強烈的史坦納是不是同樣也有著性法術的影子呢？

法國的薔薇十字

十九世紀末，在法國也展開了法術的復興活動，出現了各式各樣的薔薇十字祕密結社。在此之前的法術都是與科學結合，但十九世紀末的法術開始與藝術結合，以文學作品或繪畫方式來呈現。

在法國的世紀末，首先由德蓋達（Stanislas de Guaita）侯爵和約瑟方．佩拉登

（Josephin Peladan），在一八八八年組成了「薔薇十字＝卡巴拉教團」。德蓋達侯爵出生於洛林（Lorraine）地區，在南錫（Nancy）就學，之後與他的同班同學莫瑞斯・巴瑞斯（Maurice Barres）相偕前往巴黎。巴瑞斯深深受到文學與政治的吸引。而德蓋達則成爲了詩人。在此特別値得注意的是世紀末的新藝術風格玻璃藝術家艾密爾・加列（Émile Gallé）也是南錫出身，而巴瑞斯與之頗爲親近。加列的玻璃或許也散發著薔薇十字的光芒吧！在此無法詳述，但希望有機會能將加列在那種光芒下加以介紹。

德蓋達是個作家也是個美術評論家。他以小說《拉丁的墮落》（*Latin's Decadence*）系列成名。據說神祕主義教徒的德蓋達就是受到其中一卷《崇高的惡魔》（一八八四）書中，那神祕、美麗的魅力所吸引。

佩拉登深受狂熱的天主教徒的父親所影響。而他的哥哥安德列（Adrián）是個受到卡巴拉以及東洋思想等所吸引的神祕主義者，並參加了薔薇十字系的組織。約瑟方和哥哥一樣都受到了神祕學的吸引，並自稱爲「米羅達王佩拉登」（Sar Merodch Peladan）。Sar在亞述語中代表「王」，Merodach「是加爾底亞（Chaldean）人的神」，代表木星的意思。

另外他也以美術評論家的身分，對夏凡諾（Pierre Puvis de Chavannes）的寓意畫、羅普斯（Félicien Rops）的惡魔主義的繪畫、摩洛（Gustave Moreau）的赫密士風格的繪畫等提出評論。

約瑟方·佩拉登

德蓋達侯爵

德蓋達對於佩拉登的作品頗感共鳴，兩人在一八八八年一起創造了「薔薇十字·卡巴拉教團」。教團由十二名幹部組成，其中六名的名字是公開的，另外六名則保密。不過也有人認爲事實上保密的那六名根本不存在。

但是很快地佩拉登就從這個教團分了出去。其理由是德蓋達的想法太偏向東方，沾染了濃厚的猶太卡巴拉或者是印度佛教，此點對於身爲天主教徒的他無法忍受。

一八九〇年，他自行組織了「天主教薔薇十字·聖杯神殿教團」。離開了反教會色彩濃厚的德蓋達的教團，重回天主教的懷抱。德蓋達教團是個神祕性強的祕密結社。而佩拉登則開放組織編制，他想把組織建立成更能完全統一宗教、倫理和美的神殿劇場，而非只是祕教。他認爲藝術家就如同挑戰資產階級社會的騎士。

一八九二年，佩拉登開辦了「薔薇十字沙龍」。摩洛、羅普斯、盧奧（Rouault）等主題與畫風具宗教性、象徵性的畫家雀屏中選。寫實主義和現代主義則被排除在外。這個沙龍被稱之爲是藝術神的神殿。第一回即以卡洛斯·舒瓦伯（Carlos Schwabe）的神祕海報而聲名大噪。一直到一八九七年爲止，「薔薇十字沙龍」一共舉行了六次。

佩拉登也拓展了戲劇的活動。不但創立薔薇十字劇場，演出希臘劇或華格納風格的神祕劇，另外也設立了薔薇十字管絃樂團。據說華格納迷在法國能夠增多都是拜他所賜。作曲家埃里克·薩蒂（Erik Satie）初期也都在佩拉登處工作。

莫里斯·托尼（Maurice Denis）、烏依亞爾（Edouard Vuillard）、波納爾（Pierre Bonnard）等的「那比派」（Nabis），就是在「薔薇十字沙龍」周邊興起的團體。那比指的就是猶太教中的預言者，與神祕主義有關。

佩拉登爲祕密結社打開了藝術之門。而此事也可說是反映出近代藝術家在社會上孤立的傾向。藝術家成爲奇妙而不可理解的人類，並且是向這個庸俗世界開戰的騎士。對一般人而言，藝術家的存在，更充滿了神祕氣息。

自印象派以來，近代藝術中的立體派、野獸派、未來派，以及超現實主義等，都以某一種主義、流派的結社方式來維持他們的活動。或許十九世紀末可說是藝術與祕密結社進入另一種嶄新關係的時代。

美國的祕密結社

結社之國——美國

有關共濟會在美國的活躍發展，前章已經提過。而除了共濟會之外，還有許多結社在美國頗爲盛行。尤其在十九世紀末期的三十年，人稱「友誼運動的黃金時期」。成年男子總人口一千九百萬人當中，就有五百五十萬人加入結社。主要分別爲共濟講社（Odd Fellows）八十一萬人、共濟會七十五萬人、皮西厄斯騎士會（Knights of Pythias）

四十七萬五千人、印第安向上同盟（Red Man）十六萬五千人。

馬克・卡恩斯（Mark C. Kearns）在《結社的時代——十九世紀美國的祕密結社》❽一書中，以獨特的方式，研究這個時代的美國人，會如此受到祕密結社吸引的原因。首先，他提到非常重要的一點，那就是這個時代的結社主要以男性爲中心；其次，這些男性都屬於中產階級。卡恩斯認爲，「友誼運動是都市中產階級呈現出的現象」。共濟會中的多數成員，都是專業技能者或白領階級。而這樣的現象也與經濟因素有所關連。共濟會的年費加上其他費用，不是一筆小數目，若非經濟達到一定的水準是無法支應的。此外，天主教也禁止加入共濟會等結社。「因此，有數百萬名新教徒的中產階級男性加入，而這也正是結社的意義所在。」（參照卡恩斯前述著作）

至於加入結社的原因，有人認爲是基於友誼，或發展工作人脈。確實這也是要素之一，但卡恩斯認爲，這些都未及結社中儀式的重要性。社交團體與祕密結社的最大

❽マーク・C・カーンズ『結社の時代——十九世紀アメリカの秘密儀礼』野崎嘉信訳，法政大学出版局，一九九三。

差異在於，後者視儀式爲首要，並且犧牲社交，花費許多時間在其中。

卡恩斯指出，結社非常重視儀式，因此年輕人在當中扮演極重要的角色。年輕人愛好祕密儀式的傾向極爲強烈。因而在十九世紀末，美國祕密結社皆以中產階級新教徒中的年輕男性爲主力。

基於上述的現象，卡恩斯歸納出以下的結論。首先前提是「幾乎所有結社都是專屬於男性的排他性制度。此外結社的儀式與性別差異的諸多問題，有密不可分的關係。」

卡恩斯的結論是，「維多利亞時代的美國，年輕人在通往成年的艱辛過程中，友誼儀式最重要的功能，就是指引心的方向與安慰支持。」

在年輕人邁向成人的過程中，友誼結社的祕密儀式扮演了重要角色。特別是十九世紀末，男女性別差異問題爭鬧不休，身爲成年男子，總會陷入諸多相關的問題中。卡恩斯提出的想法得到許多人認同。到了二十世紀，隨著女性參與社會，性別歧視問題趨緩，結社也就隨之勢微。這個現象或許也可以印證這個論點。

但是，二十世紀後期，新興宗教興起，結社再次復甦，這種現象是否還能以性別歧視的問題來解釋，目前尚不得而知。

美國結社的位階

十九世紀末的三十年間，美國的結社創造了各式各樣的位階，並藉由進階儀式來吸引人加入。共濟會最基本的是三個位階（學徒、工匠、師傅），人稱「藍色集會所共濟會」（Blue Lodge Freemasons），但在美國則又在這三個位階上面，又增加了兩個類型的高級位階制度。一種是york（American）Rite freemasons，有十位階。此位階根據「Royal Arches」、「royal and select master」、「Knights Templar」而授與。另一種位階則是蘇格蘭式共濟會（scottish rite freemason），根據「古式公認的蘇格蘭慣例」授與，共有二十九位階。

如上所述，美國的共濟會利用增加位階及將禮法複雜化的方式，招募新的會員，並使舊的會員常有新鮮感，不覺得厭倦。

接著再來看看共濟會以外的結社。其中名爲共濟講社的團體，起源於英國，在當時比共濟會的會員還要多。傳說中，據說是在公元前五八七年，以色列人被逐出巴比倫時所創立的。

共濟講社的開始目前可明確確認的，是由亡命英國的約翰・德・諾尼維爾（John de Neuville）和五名騎士於十二世紀時在倫敦一起組成的。之後，一八一三年在曼徹斯特組成了獨立的共濟講社，以近代的結社再重新出發，並以一個兄弟結社在歐洲傳播開來，在美國據說一開始是由T・韋德（T. Wildey）於一八一九年在巴爾的摩成立的。而一八八九年時也在日本橫濱成立了共濟講社的分部。

共濟講社以信仰神、友情、愛、眞理爲目的，且以貧民救濟、孤兒教育等慈善活動爲中心。雖說共濟講社宣稱對所有的人敞開大門是他們的原則，不屬於祕密結社。但是所謂所有的人僅指男性而已，針對女性他們另外成立了一個名爲Rebecca的組織。共濟講社內部共有八個位階（六個下位組織和兩個上位組織）。結果，大門雖是敞開的，但是上位的階級卻有祕密的儀式，變成了半祕密結社。那些祕密的儀式，就像是將基督教和共濟會折衷後的儀禮。據說共濟講社在初期時，只是個大夥聚集在一起喝喝鬧鬧的聚會而已。後來逐漸地訂出了位階、儀式等規則，會所禁酒之後，經過一番整頓，開始吸引中產階級的知識份子。

和共濟講社很類似的還有在美國創設的印地安向上同盟。這個結社，剛開始也是勞工階級的酒友聚會，但在一八三〇年代時由禁酒派人士重新改造後，變成符合中產階級道德意識的團體。雖然起初時並不是很受歡迎，但從一八六〇年代末起，他們在新的祕密儀式上下工夫後，一口氣增加了許多的會員。此會的儀式是，會員明明就是白人男性，但卻要裝扮成印地安人的模樣，舉行印地安式的儀式。儀式中，會員們必須前往森林或蠻荒之地旅行，經歷各種的危險，克服這些危險之後，進階至下個位階。

戲劇和祕密結社

儀式是死和再生的戲劇，劇中演的是神話．傳說．故事的內容。因此，結社的儀式與戲劇有密不可分的關係。同樣也是在美國成立的「皮西厄斯騎士會」就是此種結社的典型。曾是戲劇青年的學校教師賈斯塔．羅斯朋（Justus H. Rathbone）創立了劇團，演出約翰．巴尼姆（John Banim）所寫的《達蒙與皮西厄斯》（Damon and Pythias）。此劇是羅馬的傳說，劇中描寫達蒙為了救被判死刑的好友皮西厄斯騎士會，代替好友皮西厄斯成為人質，皮西厄斯如果無法在期限內趕回來的話，達蒙就必須代替他受刑。後來皮西厄斯如期返回，並準備接受死刑，國王非常讚賞他們的友情，並因此饒恕了他們。

羅斯朋以此故事為根本制定了儀式，並於一八六四年在華盛頓成立了皮西厄斯騎士會。由於儀式受到歡迎，因此聚集了相當多的會員。

這個結社的目的，是組成一個葬禮或生病時能互助的組織。萬一死亡或是生病的話，就可以拿到保險金，像是一種互助會。像這樣積攢會費，在會員需要時就會給付會員的保險組織、互助會和（祕密）結社有著很深的關連。保險公司的起源也可溯自祕密結社。

「森林人」（Woodmen）是同樣喜愛戲劇的喬瑟夫・魯特（Joseph Root）所設立的結社。他是一位參加過共濟會或共濟講社等組織的結社愛好者。戲劇愛好者和結社愛好者似乎是共通的。魯特寫了《森林人》的禮法連續劇，並於一八八二年創立了《森林人》。剛開始的時候是從事戲劇表演。

不久之後開始產生了分裂，醫師麥肯尼（McKinney）組織了「世界的森林人」

（Woodmen of the World）。而「世界的森林人保險協會」就是由此誕生的。

在美國有艾力克（elk，麋鹿）和穆斯（moose，美國麋鹿）兩種鹿。艾力克斯俱樂部和穆斯俱樂部兩個結社的名字，就是各自取自這兩種麋鹿的名稱。除此之外，在美國取自動物名稱的結社相當多。這可能是和印地安的圖騰神話有關吧！兩種鹿的結社，有趣的是都與戲劇有著深深的關連。艾力克斯俱樂部是一八六六年由來自英國的查爾斯·費文（Charles Vivian）在紐約創立了劇團後，由同僚所設立的結社。剛開始是個演員與文學家的俱樂部，但是不久之後即對一般民眾開放，據說在一九三四年的全盛時期，會員人數甚至高達八十三萬人。

穆斯俱樂部也是一八八七年時由聖路斯的劇團所設立的團體。雖是個劇團，但後來普及化後，由在一九〇六年入會的參議員（原爲勞工部部長）詹姆斯·戴維斯（James Davis）將其擴大爲龐大的組織。

重視友愛禮儀的結社

卡恩斯指出了幾個極重視友愛禮儀的結社。如摩門教、禁酒會、一無所知黨

（Know Nothing Party）、黃金圈騎士團（Knights of the Golden Circle）、農民共濟工會、勞工及退役軍人團體、人壽保險產業等。

摩門教是一八三〇年，由約瑟．史密斯（Joseph Smith）創立於紐約州。史密斯曾計畫於一八三一年，在密蘇里州獨立建立新耶路撒冷聖地（錫安城）。但是因爲受到打壓，迫使教會總部再次搬到伊利諾州的納府（Nauvoo），建立「神國」，並由四千名信徒組成了「納府軍團」。

一八四四年，史密斯遭暴徒殺害身亡，楊百翰（Brigham Young）繼任總會會長一職，帶領信徒往西，在伊利諾州的鹽湖城建立了摩門教之都。到此都是眾所周知的。但是摩門教中有共濟會的儀式，這是我看卡恩斯的書才知道的。而這個部分，也是摩門教的歷史中幾乎沒有提及的。

史密斯在一八四二年升上了共濟會的最高位階。六週之後，他將共濟會的儀式改爲摩門教的祕密儀式，認爲是上帝賜予所羅門王的神權祕密。這個儀式據說是穿上圍裙，手上拿著圓規和矩尺。換句話說，摩門教最深處的部分，潛藏著共濟會型態的祕密結社。而其接班人楊百翰，也是共濟會成員。整體看來，摩門教雖然與祕密結社無關，然而其內部似乎卻隱藏著一個不為人知的祕密結社。

禁酒會也是結社的起源之一。如前所述，原本是一起飲酒的聚會，卻突然之間變成禁酒會，並且當時就帶有結社的性質。在美國，於一八四二年成立了禁酒黨。並倣效了共濟會及共濟講社的組織型態與儀式。到了一八五〇、六〇年代，陸續有許多禁酒會成立。由於人數龐大，設定了更繁縟的禮節規章。

一無所知黨的創設人是查爾斯・柴德（Charles B. Child）。因其祕密儀式短時間內吸引了許多人前來。這個團體因為對政治的高度關心，以美國黨（America Party）之名，於一八五四年順利推出七十五名會員當選聯邦議會議員，龐大的勢力甚至足以在一八五六年推出總統候選人。

黃金圈騎士團是原本為一無所知黨的喬治・比克利（George Bickley）於一八六一年創立，制定了融合共濟會及其他結社禮儀的祕密儀式。有趣的是，這個結社因為當初只要郵寄五元美金，就會收到密語化的儀式簡章，許多人透過郵件申請，祕密結社的規模快速成長。這或許可以說是今日網路祕密結社的先驅吧。

南北戰爭結束後，成立了許多退役軍人會。這個時期的許多退役軍人團體，特別強調禮儀。或許戰爭結束，仍需要一些模擬的戰爭遊戲吧。最大的團體是「共和國大軍」（Grand Army），據說在一八八〇年代會員人數曾高達四十萬人。

農業共濟工會是農民的共濟會。由美國農業部奧利佛．凱利（Oliver H. Kelly）於一八六六年制定儀式。在凱利的宣傳下，農業共濟工會愈來愈強盛，不久除了農民之外，還有一些都市的居民也加入其中。但是儀式仍舊維持凱利所制定循著播種、耕作到收割的農村四季儀式。或許，這樣以印地安民族的世界及農民生活爲主的儀式，對都市人反而更有吸引力吧。

保險公司的起源與祕密結社有關，這一點也令人好奇。據說美國最初的友愛保險結社爲「勞工連合古代結社」（Ancient Order of United Workmen）。一八六六年，由共濟會的約翰．厄普丘區（John J. Upchurch）設立於賓州梅得維爾。效法共濟會與共濟講社的儀式，設定四個位階與儀式。主要的目的並非保險服務，而是提供一個與神親近、低價的保險與吸引人的儀式。不久才延伸爲壽險公司的型態。

勞動工會中也加入了友誼儀式，典型的代表是「勞動騎士團」（Knight of Labor）。而這是由裁縫師傅史帝文．索頓（Steven Sutton）在一八六九年組成的。並費心將組織的儀式呈現出共濟會的型態。

如此，世紀末在美國的結社，祕密儀式仍扮演著重要的角色。因此，結社的社會性目的與活動時有衝突。這些兄弟會以活動、互助、保險、勞工運動爲目的它與儀式的先後緩急，孰輕孰重，彼此各持不同的意見。但是爲了聚集爲數眾多的會員，一套具魅力的儀式仍是不可或缺的。

三K黨

提到十九世紀末的美國祕密結社，就不能不談惡名昭彰的三K黨。三K黨於一八六六年由南北戰爭中被擊敗的南方軍隊退役軍人組成。他們穿著白色喪服徘徊街頭，襲擊黑人，令人毛骨悚然。一度遭禁止後曾經消聲匿跡，於第一次世界大戰後復活。不久之後又消滅了。但在第二次世界大戰後，則再次重現身影。

一般認爲三K黨是由一群從軍隊退役遊手好閒的年輕人組成。一八六六年，由六名年輕人創立於田納西州。他們將希臘語的「社團」一詞kukurosu，改成Ku Klux，再加上蘇格蘭語的klan（氏族）。因爲這六名年輕人都是蘇格蘭系。Ku Klux Klan的發音，聽起來就像骸骨碰撞發出嘰哩咔拉的聲響。

　　他們戴上白色面罩，身上套著白色斗篷，在夜間聚集跳舞，就像萬聖節的鬼舞。一身白色裝束騎著馬，在夜裡四處奔跑，有如亡靈鬼魅令人不寒而慄。而這些年輕人崇尚祕密儀式，也效法其他結社，制定了三K黨獨特的儀式。三K黨稱首領爲「大巨人」（Grand Cyclops），副首領爲「大僧侶」（Grand Magi），其他爲「大土耳其」（Grand Turk）、「夜鷹」（Nighthawk）。他們制定了神祕的儀式，享受在虛構無實的天地，如同現代的電玩虛擬世界。

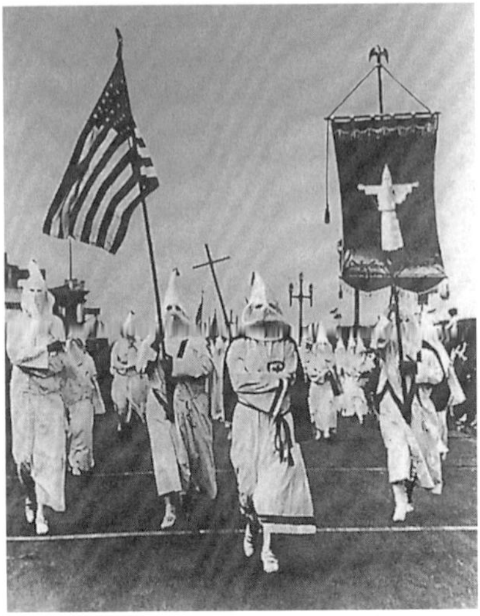
三K黨

　　這些天眞的夜行青年們，漸漸轉變爲襲擊黑人的結黨。就類似一些圍堵流浪漢的現代年輕人。而他們特有的正義感，以及對社會一股無意識的不滿，正是造成這些行爲背後的原因。

　　三K黨的規模快速擴大，眾多年輕人先後加入，靠著壯大的勢力陸續發起了許多活動。這時出現了一個原本南軍的將軍佛瑞斯特（Nathan Bedford Forrest）。三K黨的年輕人們，將過去曾是他們長官的佛瑞斯特，奉爲這支「看不見的軍隊」的司令官（The Grand Wizard，大法術師）。佛瑞斯特舉行了盛大的遊行，讓三K黨的年輕人們彷彿看到了南軍騎兵隊復活。在他的帶領下，三K黨聲勢扶搖直上，宛如過去的一無所知黨，成爲南部主要的政治後援力量。而對於黑人的襲擊行爲，也愈演愈烈。

但是，佛瑞斯特過於高調的行動，使聯邦政府備感威脅。華府也懷疑，三K黨或許擁有一支「看不見的軍隊」在伺機而動。到後來，三K黨勢力甚至以超乎想像的速度擴大，支派不再服從本部的指令，行使暴力、任意妄行。佛瑞斯特見此失控狀態，急欲統御，卻無法抑止暴力行爲的蔓延。

一八六八年至一八七一年，是三K黨行動最暴戾瘋狂的時期。當時南北兩邊政治關係對峙緊張，三K黨視共和黨爲來自北方的侵略者，加以責難攻擊，政治立場偏向民主黨。但是一八七一年後，三K黨遭調查，政府並簽定法案，強制取締了這個政治組織。一八七二年三K黨被迫解散，在南卡羅來納州遭聯邦軍隊鎮壓。因民主黨的反抗，三K黨又持續活動了一段時間，直到一八八〇年才逐漸勢微。

然而這並不代表三K黨與其共通的流派已經消失。一八八七年，美國保護協會（American Protective Association，APA）成立。這個結社的目標主要是爲了保護本土美國人，反對外來人種、反天主教。有人稱之爲北方的三K黨。第一次世界大戰後，三K黨與APA連盟，再次復甦。而第二次的結黨，不僅敵對黑人，也包括猶太人、天主教徒、左翼激進派等，儼然是換上新裝在二十世紀登場的祕密結社。

第五章　二十世紀

祕密結社的復活

格里菲斯的《一個國家的誕生》

所謂的電影，或許可以稱之爲死靈的呼喚吧？之所以會有這種想法，是起因於格里菲斯（David Wark Griffith）於一九一五年的作品《一個國家的誕生》（*The Birth of a Nation*）。這部電影中，格里菲斯讓原本應該已經在墓地中沉睡多年的三K黨死而復生。

這部電影是美國首部長篇電影，也是電影史上劃時代的鉅作。電影評論家一般都盡可能避免涉及本片的內容。片中強烈歧視黑人以及對三K黨的歌詠，都令人不知所措。羅．杜卡（Lo Duca）在《電影的世界史》❶做了如下的描述：

格里菲斯喚起了比《亂世佳人》更早期，有關於南北戰爭中結社的記憶。在片中，我們看到了沉醉於難以言喻的「民主主義」中的黑人，以及與邪惡頑強對抗、閃耀著光輝的三K黨。格里菲斯在電影中，呈現出三K黨戴著只露出雙眼的頭巾，騎著馬遊行的場面——從來沒有小說家描寫過這樣的場面。這部電影的旋律與主題，就是要喚起群眾腦海裡關於悲慘戰爭的記憶。《一個國家的誕生》這部電影，就像再次破壞亞特蘭大，由賈克夫・霍克・格里菲斯將軍之子煽起了暴動，掀起了一場南方人對北方人的復仇戰爭。

格里菲斯出生於肯塔基州，受軍人父親的影響，從小就懷著重拾美好南方舊土之夢。他嘗試以自己的方式，重新改寫那被扭曲的南方歷史。

關於《一個國家的誕生》這部電影的籌劃，參與演出的莉莉安・吉修（Lillian Gish）所著《莉莉安・吉修自傳——電影、格里菲斯與我》❷當中有詳細的描述。

當時的加州並沒有黑人演員，都是白人將臉塗黑之後演出。故事從北方的史多曼

❶永戸俊雄，文庫クセジュ，白水社，一九五一。
❷リリアン・キッシュ、アン・ピンチョット『リリアン・ギッシュ自伝——映画とダリフィスと私』鈴木圭介訳，筑摩書房，一九九〇。

家及南方的克麥隆家展開。史多曼是一個由北方來到南方的政治狂熱份子，前來鎮壓誘騙黑奴的南方人。吉修飾演那個女孩艾西，在劇中遭到混血的林奇所強暴。

另一方面克麥隆家的女兒芙蘿拉在森林裡受到黑人毒氣襲擊，跳崖自殺身亡。格里菲斯這部片被批爲歧視黑人，但格里菲斯辯稱，自己攻擊的對象並非黑人，而是那些如史多曼一般操控苦待黑人的北方人。

而相對於北方人與成爲其手下的黑人，三K黨即化身爲正義的一方。

吉修的自傳當中，曾就人種問題及創作的種種，爲格里菲斯辯護。隨著這部電影上映，再調查以及抗議之聲隨著好評一同接踵而至。吉修認爲正是託了反對運動的福，這部電影才如此轟動。全美黑人地位提升委員會（NAACP）爲了禁止這部電影播映，甚至在戲院前面展開示威遊行。

格里菲斯及吉修等人，都認爲這樣的反對運動是對創作自由的一種壓制。格里菲斯在下一部電影中，即描述了這種對自由的彈壓、不寬容的現象，並將片名命爲《不寬容》（Intolerance），將自己視爲一名犧牲者、殉道者。

黑人與南方白人究竟哪一邊是犧牲者，我們暫且不談。令人訝異的是，這部電影在一九一五年拍攝，正式上映前，還爲威爾遜總統在白宮舉辦了一場特別試映會，據說威爾遜總統深受感動。

按理來說，三K黨應該早就被聯邦政府禁止消滅了。三K黨人自以爲是正義的化身，四處攻擊黑人與北方人。傳說格里菲斯也參考了威爾遜總統所著的《美國國民的歷史》一書。

進入二十世紀後，對這部電影表示肯定的氣氛日益濃厚，修正史觀也堂而皇之隨之盛行。在此雖然沒有細加說明，但《一個國家的誕生》就像打開了地獄之鍋的蓋子一般。原本該早已消滅的三K黨之類的祕密結社又從此竄出頭來，似乎對這部電影已等候多時，三K黨又死而復生了；一個國家的誕生，同時也就是三K黨的再生。

第二次三K黨，是由梅索迪斯特教會牧師席莫斯（William J. Simmons）組成。一九一五年的感恩節中，十九位教徒在亞特蘭大燃燒十字架，做爲族人的復活儀式。不久第一次世界大戰開始，爲了美國境內的德國間諜問題，引發了激進的國家主義，強調所謂百分之百的美國人。格里菲斯參考湯瑪斯．迪克松（Thomas Dixon）的小說《宗親》（*The Clansman*），拍攝電影《一個國家的誕生》就是象徵之一。Nation即指宗親，就是南方白人。

第二次三K黨，並非僅針對黑人，而是針對敵對的外國人（特別是猶太人）、共產主義者等所組成的監視組織。在戰時愛國主義下壯大的三K黨，反映了戰後所謂爵士年代，動盪時期的不安，進而形成一股勢力。然而到了一九二五年以後，因內部的醜聞及經濟不景氣的原因導致會員減少等原因，至一九三〇年代逐漸降溫。

第二次世界大戰後，相對於黑人公民權運動的高漲，第三次三K黨也隨之誕生。勢力雖不若先前盛大，但與其他祕密結社連盟，在黑暗的角落持續進行著他們的活動。

克勞利的「祕密結社工廠」

格里菲斯《一個國家的誕生》所帶來的意義，除了三K黨之外，或許對於那些禁錮已久的祕密結社，也是一個解禁的宣告。原本「電影」這個聲光的世界就是個祕密結社，而「好萊塢」即是魔法箱中的友誼結社。因爲在電影幾小時的祕密通關儀式中，我們經歷了一趟跨越生死的世界之旅。

世紀末加入黃金黎明團的克勞利不滿足於此，在二十世紀後陸續成立了許多新的法術結社，像電玩般地輕而易舉，誠然充滿了二十世紀結社的特色。

克勞利遭黃金黎明團逐出之後，於一九〇七年，成立了自己的法術結社「銀星團」，並在卡克斯頓廳（Caxton Hall）公開依洛西斯祕儀，雖然是祕密結社，但是演出極華麗，大大提高宣傳的效果。但是「銀星團」最後仍只流於「黃金黎明」的複製品。

克勞利最大的改變，是與一九一二年左右的東方聖殿騎士團（OTO）的接觸。OTO是以性愛巫術爲中心的結社。據說創立者卡爾在放逐東方時，向印度教徒學習性愛巫術。此外，也有人認爲OTO性愛巫術的起源是來自於美國基督教異端Psacal所組成的團體。在性愛的高潮中與神合而爲一，得到神祕的法術力量。

一九〇五年，卡爾死後，由路易士承了OTO，成爲第二任領袖。據說路易士是德國籍父親與英國籍母親所生，來到倫敦擔任普魯士祕密警察的間諜，負責監控馬克思之子的行動。

一九一二年，路易士造訪克勞利，邀請他加入OTO。克勞利沉迷於OTO的性愛巫術中，一九一三年舉行了同性愛巫術儀式，稱爲「巴黎活動」。

對「銀星團」熱情降溫的克勞利，後來組織了OTO倫敦分部。一九一四年，他前往美國。一九一六年，因OTO與克勞利被懷疑是德國的間諜，倫敦分部遭警政廳搜查。

一九二二年，克勞利繼承路易士，成爲OTO首領。但遭德系成員反對，導致分裂爲德系反克勞利派，以及英系擁克勞利派。但到了一九三七年，兩系組織同時遭納粹鎮壓。

克勞利往歐洲及美國流浪。一九二〇年至一九二三年，在西西里島成立特雷瑪寺院（Abbey of Thelema）。他與一同從紐約前來的音樂教師希薩（Leah Hirsig）一起在此試驗，並推廣性愛巫術。特雷瑪寺院於是成爲性愛巫術的殿堂，吸引了許多行跡荒誕的人們在此聚集。一九二三年，墨索里尼將克勞利從義大利驅逐出境。

之後，克勞利浪蕩於歐洲及北非，晚年居住在英國，一九四七年死去。在他臨終前，形體憔悴如同凋零的老人。雖然如此，他散佈於各處的巫術種籽，也在他死後開始生根萌芽。其中，種籽也撒落在美國加州。在加州，隨後陸續出現了多名克勞利的弟子。

經營美國加州ＯＴＯ集會所的是物理學者傑克．帕松森（Jack. W.Personz）。有關於這部分，可參考拙著《加州．奧德賽》第四卷〈療癒與新興宗教之大地〉❸。之後，帕松森的好友，即科幻小說作家Ｌ．羅恩．賀伯特（L. Ron Hubbard）創立了新興宗教山達基教（Scientology）。因影星湯姆．克魯斯爲其信徒而聞名。法蘭西斯國王（Frances King）英語學院也在《英國巫術結社的興衰》中，提到後期克勞利派的普及現象。克勞利對於第二次大戰後興宗教的興起，以及新世紀運動都有相當程度的影響。

納粹與祕密結社

希特勒與神祕主義

一九七〇年代開始，陰謀史觀論蔚爲風潮，他們提出諸如希特勒的第三帝國深受

❸グリーンアロー出版社，二〇〇一。

神祕主義影響的論點。最具代表性的是崔佛・雷文思克洛夫特（Trevor Ravenscroft）的《命運之槍》（*The Spear of Destiny, 1973*）。聲稱希特勒是魔術師的書到處可見。爲什麼研究希特勒與神祕主義突然蔚爲風尚，其實是個饒富趣味的問題。根據麥可・貝吉特以及理查・李兩位合著《神祕的德意志——修達芬貝爾克與希特勒的神祕十字軍》❹所述，就在紐倫堡大審之後，納粹與神祕主義之類的主張立刻受到鎮壓，必須徹底強調理性民主主義的勝利。因此，戰後史學有一段時間一直無法提到非理性的部分，而是將納粹以「集體性瘋狂」的含糊實況帶過。

爲反抗這種觀點，一些偏離正統歷史的陰謀史觀，不久就開始陸續出現。最早是一九六〇年由路易斯・包威爾（Louis Pauwels）與賈克・貝魯傑（Jacques Bergier）合著的《魔術師的早晨》（*Le Matin des Magiciens*）出版，成爲暢銷書。這本書中把希特勒治理下的德意志描寫爲神祕帝國；接著《命運之槍》等書又方興未艾地接連出版。《神祕的德意志》中指出，這些書籍可說是集占星術到惡魔主義，和玄學主義的大雜燴。然而內容根本無法辨別何謂眞假。其中只有尼古拉斯・古德利克——克拉克所著之《納粹黨的神祕主義起源》❺算是較爲値得信賴的研究。

這本書在二〇〇四年新版發行，該書與貝吉特及李兩位合著《神祕的德意志》兩本著作，爲潛藏在納粹周邊的祕密主義結社，勾勒出一個輪廓。

十九世紀的德意志／奧地利境內，布拉瓦茨基夫人的神智學向Voelkisch（民族性的）主義靠攏，誕生了獨特的祕密結社。Voelkisch是指泛亞利安（Aryan）民族主義，主要以一群說印歐語、日耳曼語的亞利安民族爲中心，主張反猶太主義。神智學與亞利安民族的結合，衍生出Ariosophie，形成了一股國家社會主義、納粹反猶太主義的趨勢。

納粹黨標誌

Ariosophie又衍生了許多神祕結社，以其中三派最爲重要。一是在一九〇七年由熙篤派修道院（Cistercienses）的阿道夫·約瑟夫·蘭茲（Adolf Joseph Lanz）組成的「新聖殿騎士團」（Neo-Templars），並在維也納推出了反猶太雜誌OSTARA。這

❹Baigent, Michael and Richard Leigh, *Secret Germany: Stauffenberg and the Mystical Crusade Against Hitler*, Penguin Books, 1995.

❺Goodrick-Clarke, Nicholas, *The Occult Roots of Nazism*, Tauris Parke Paperbacks, 2004.

個組織以「卐」爲旗幟，據說希特勒也喜歡閱讀OSTARA雜誌。

新聖殿騎士團對希姆萊（Heinrich Himmler），與他所組成的SS黨衛軍，都有極大的影響。

蘭茲的合作夥伴古依德・佛・里斯特（Guido von List）在一九〇八年，創立了古依德・佛・里斯特協會。之後又於一九一二年，組織了日耳曼騎士團。認爲金髮碧眼的日耳曼人，才是眞正受揀選的子民。

一九一八年，日耳曼騎士團的巴伐利亞分部（位於慕尼黑）的塞波騰道夫（Rudolf von Sebottendorf），成立了圖利協會（Thule-Gesellschaft），以卐和劍爲標誌。圖利協會的成員加入了國家社會主義黨。這個黨就是後來的國家社會主義德意志勞動黨（納粹），以希特勒爲首領。據說納粹黨的艾佛瑞・羅森伯格（Alfred Rosenberg）及魯道夫・海斯（Rudolf Hess）都是圖利協會的會員。

圖利這個名詞原是指世界最北之處，通常是指斯堪地納維亞半島，日耳曼人認爲這是他們的發源地。而他們是被揀選的族類，超乎凡人，懷抱著統治全世界的使命。

新聖殿騎士團、日耳曼騎士團、圖利協會等，最後匯集於納粹。雖然不清楚希特勒是否加入這些組織，但他的身邊有許多結社的成員。可以確定的是，希特勒運用了許多這些結社的玄祕意識概念。

沃爾（Vril）協會可說是圖利協會的兄弟結社。這原是英國作家愛德華．立頓（Edward Bulwer-Lytton）的小說《未來的種族》（*The Coming Race*）出現的詞彙。Virl表示全能的生命力之意。又稱爲「黑色太陽」。受到該虛擬小說的刺激，一九一七年，在德意志成立了沃爾協會。或許就類似科幻同好大會吧。「黑色太陽」是來自於巴比倫和亞述的神話。沃爾是大西洋中沉沒島嶼上的超古代人或外星人語言，沃爾協會曾經嘗試與他們通訊。傳言沃爾協會的成員還發明了飛碟，並於一九三九年成功飛上太空。

據說沃爾協會成員有一位是地政學者卡爾．霍斯荷夫（Karl Ernst Haushofer）。他的「生存圈」理論，對日後德國及日本的帝國主義都帶來極深遠的影響。而霍斯荷夫也扮演著連結德國與日本的奇妙角色。

曾擔任巴伐利亞砲兵軍官的霍斯荷夫，一九〇八年以砲兵教官的身分而派駐日本。在客居遠東地區的四年間，爲促進日德同盟，結識多位日本實力派人士，並且在亞洲四處旅行。其間因醉心佛教，甚至走訪西藏。一九一二年返國後，於一次世界大戰時晉升將軍。另一方面，他也是地政學的名教授，因而向德日兩國鼓吹帝國主義思想，說服他們應取得「生存圈」。後來成爲希特勒祕書的魯道夫・海斯即是霍斯荷夫的學生。

霍斯荷夫是日德同盟的倡議者，他位於柏林的宅邸，即成爲日德兩國外交官的聚會場所。另一方面，他與英國的薔薇十字及「黃金黎明」等祕密結社也頗有關係；並暗中推行與英國的和平計畫，據說後來被海斯所採用。

然而，曾被喻爲希特勒大魔術師的霍斯荷夫後來慢慢對希特勒失望，漸漸有了想把希特勒除去的念頭。一九四四年七月十二日爆發了希特勒暗殺未遂事件。史達芬貝爾克伯爵（Claus von Stauffenberg）以炸彈暗殺希特勒失敗！

參加這次暗殺事件的許多人都被判刑，其中還包括了霍斯荷夫的兒子亞伯特。亞伯特曾在西藏學習東洋學，信奉神祕主義。後來被捕入獄，遭到槍決。父親霍斯荷夫也入獄服刑，二次大戰結束時，霍斯荷夫以日本武士的方式，切腹自盡。

霍斯荷夫對希特勒寄予神祕結社的夢想，最後卻遭到無情的背叛，悲劇性的結局

卡爾・霍斯荷夫

令人唏噓。傳說他客居日本時，曾經加入一個名爲綠龍會的祕密結社。綠龍會據說和西藏一個稱爲Green Men的祕密結社有關。德國的沃爾協會，於一九二六年至一九四二年間曾造訪西藏，與Green Men接觸，並於一九二九年請西藏的僧侶到柏林成立Green Men協會。希特勒希望借助Green Men神祕的超能力，讓他在戰場上無往不利。但是最後結果並不如預期，Green Men的僧侶們於是被關進集中營。

傳言當俄軍攻入柏林時，發現西藏僧侶已經自殺身亡❻。神祕的結社到頭來，不過是遭希特勒利用的一項工具罷了。

而納粹周邊的這些神祕結社，最後似乎並未隨著希特勒消失。其舊有的傳統仍然

❻ Benson, Michael, *Inside Secret Societies*, Citadel Press books, 2005.

繼續留存。圖利協會、沃爾協會將大西洋沉沒諸島論及幽浮說，與祕儀相融合，形成第二次大戰後的新陰謀史觀，即現代電玩的祕密結社源頭。令人隱約感覺到，彷彿這世界是由地球之外的外星人所操控著。

班森在《祕密結社的內幕》提出了一個驚人論點，即美國甘迺迪總統的暗殺事件，和沃爾協會有關。書本並提到，一九三六年，圖利協會在德國黑森林地區發現一墜毀的飛碟。經過修理，透過沃爾協會及SS的協助，第一部由德國製造的飛碟豪涅普一號，於一九三九年順利飛上外太空，成功地與外星人接觸。

原美國海軍隊員凱瑞・桑利（Kerry Thornley）認為，沃爾協會至今仍策謀著世界陰謀。據他表示，被認定為暗殺甘迺迪的犯人奧斯華其實是沃爾協會的傀儡。沃爾協會為了控制，還在他體內植入了微晶片。

桑利曾於一九五九年，在加州的海軍基地見到了奧斯華。之後，海軍退役後，桑利前往紐奧良，再度見到奧斯華。

甘迺迪遭暗殺身亡，奧斯華被逮捕時，FBI一度懷疑桑利是否為同夥。紐奧良的地方法官吉姆・葛里森（Jim Gallison）認為，桑利與奧斯華兩人可能都是中情局派來的祕密情報員。

偵訊時桑利不時語出驚人地說出駭人的內容。奧斯華受控於沃爾協會，而甘迺迪謀殺案則是納粹的陰謀。他的身體還植入了微晶片等，聽起來簡直就像科幻電影。據說在一九九二年，桑利還在電視綜藝節目中表示，自己也是奧斯華的同夥共犯。

一九六〇年代沃爾協會的名稱，以科幻性祕密結社再度復甦，納粹的玄密結社也已經解禁。

光明會・偏激份子

光明會的後續發展

由亞當・維索在一七七六年成立於巴伐利亞的光明會，於一七八七年宣告解散，其後幾乎被人們淡忘。

但是到了一九七〇年代，羅伯特・夏（Robert Shea）與羅伯特・威爾遜發表了

《光明會三部曲》（*The Illuminatus Trilogy*）一書。這雖然是一部科幻小說，卻被視爲新時代陰謀史觀之鉅作，盛極一時。光明會因此成了所有陰謀論的中心思想。

這個理論的先驅者，是娜絲塔．韋伯斯特的《世界革命與光明會》❼。原著在一九二一年出版。韋伯斯特認爲光明會是世界改革背後的主導者。法國革命結束後，有人認爲這其實是光明會策劃的陰謀。第一次世界大戰與俄國十月革命更讓這個陰謀論再次重生。韋伯斯特即認爲，繼法國革命之後，第一次世界大戰與俄國革命，都是起於光明會的密謀。

之後的陰謀史學家，更延伸了韋伯斯特的理論。例如約翰．柯曼（John Coleman）即主張，在法國革命、俄國革命之後，光明會的第三世界陰謀論正在美國運作。根據他的論點，光明會的中心有一個「三百人委員會」，組織成「一個世界的政府」（One World Government），企圖掌控世界，進入「新世界秩序」。

共濟會與猶太人

威索的光明會被禁止之後，去向如何呢？有些陰謀史學家認爲，他們潛入了共濟會，同時與猶太人建立了關係。韋伯斯特則指出，共濟會分爲英國共濟會與歐陸共濟會兩個系統，歐陸共濟會後來改名爲光明會，發展成一個陰謀結社。

光明會成立之際，許多共濟會員都加入。其中克尼根男爵還將共濟會的儀式導入光明會。而共濟會的法蘭克福集會所雖然已經轉化爲光明會，但是因爲羅斯丘（Rothschild）等猶太銀行家的加入，遂成了共濟會、光明會、猶太人三方的連合集會。

到現在還有很多的研究者相信光明會仍然存在，其目的就是廢絕所有的政府、私有財產或遺產、國族主義、家庭制度、組織性的宗教等等。有關這個理論的部分原因，與《錫安長老議定書》的陰謀論有關。因一八六四年發表以來，一直用來支持反猶太主義正當化的《錫安長老議定書》，爲了某些祕密目的，實際上是結合猶太思想的光明會文書。❽

---

❼ ネスタ・H・ウェブスター『世界革命とイルミナティ』馬野周二訳，東興書院，一九九〇。

❽ Marrs, Jim, *Rule by Secrecy*, Harper Collins, 2000.

換句話說，光明會的陰謀論，與共濟會、猶太人都牽扯上關係，並且在現代死灰復燃。或許，以現代的陰謀史觀看來，光明會之所以造成風潮，其實是因爲它的方便性。在現代，人們無法直接批評共濟會或猶太人。但對於光明會這種虛構的假想敵，就可以毫無忌憚地大肆評論。

共濟會行事力求透明化，神祕色彩淡薄，也追求社會的認同。而猶太人在以色列建國以來，就不再需要承受一些無謂的批評。至於光明會，就像是來自外太空的外星人，甚至把它視爲地球的敵人也無所謂。

光明會與外星人

涵蓋範圍無邊無際、包羅萬象的「光明會偏執狂」，主要往兩大方向延伸發展。第一是不斷溯其根源，甚至遠從超古代史到幽浮、外星人，創造了太空漫遊、星際大戰等虛幻世界。因爲如此一來，現實與幻想之間不再有阻隔，成爲科幻電影、電視、電玩的題材。

另一個方向是以揭發現代社會政治或經濟背後的機關，或事件眞相的陰謀，及神祕謎團爲方向。這兩個方向並無明確區別，彼此錯綜複雜地糾結。結果，就有了外星人暗殺了甘迺迪的論點出現。

對光明會起源展開奇觀幻想的是大衛・艾克的《母體之子》❾一書。他認爲光明會的始祖是亞努那基。亞努那基是古代蘇美神族之一，據說其實是從外太空來的外星人。他們住在名爲尼布路的星球，四十五萬年前來到地球。尼布路星球的國王是亞努，他用太空船將兩個兒子恩尼爾與恩奇送到地球，在美索不達米亞登陸。然後開始製造人類，教導他們高度的技能，創造了蘇美文明。

這個說法與人類從原始人進化來的理論相違背。他們認爲早在遠古時代，人類就向外星人學習了許多困難的技術，只是後來失傳了。葛瑞姆・漢卡克所著的暢銷書《上帝的指紋》中的內容，也是這當中的一種說法。

但是，亞努那基不只製造了人類，教導他們過文明的生活，還像控制人類如同奴隸。根據艾克的說法，光明會即是爲此設立的陰謀阻織。喬治・歐威爾（George Orwell）

❾ Icke, David, *Children of the Matrix*, Bridge of Love, 2001.

在《一九八四》中描述的監控國家，就揭露了這個祕密。而亞努所扮演的角色就是那個總是躲在暗處的「老大」，永遠虎視眈眈的監視著人類。

亞努那基的血脈，流到光明會廣佈的網絡中，一直持續至今日。

現代的光明會．廣佈的網絡

光明會陰謀史觀的典型論述是弗烈茨．史普林梅爾（Fritz Springmeier）的奇作《光明會——惡魔的十三支血脈》⑩。在他陰謀學說的觀點中，非常重視血緣脈絡的傳承。所以最重要的是追溯遠古時代最早先祖的血脈，如何綿延不絕傳承至現代。就像英國優良種馬講究純正的血統一般。包括史普林梅爾家族、亞斯特（Astor）家族、洛克斐勒家族、羅斯丘家等十二名家，以及大衛第十三代的家族。這十三個家族略奪掌控整個世界。在美國盛行著一個傳說，認爲主張洛克斐勒家族、羅斯丘家族等陰謀的財團一直控制著全球。所以這個理論可說是一個綜合性理論。起源來自於惡魔，而這個家族集團就是所謂的光明會。

現代的光明會企圖建立一個「新世界秩序」。其主要行政部門爲「十三人評議會」，之下是立法府「三百人委員會」。司法部是古猶太時期以來就有的最高評議院兼最高法院（sanhedrin），由七十名法官組成。過去這個單位，曾經將基督釘上十字架。

行政・立法・司法這三個組織，是看不到的祕密。幹部稱爲Olympian。其下則屬於實際、看得到的組織。圓桌武士、RIIA（英國國際事務協會）、CFR（美國外交問題評議會）、比爾德堡團（Bilderberg Sosiety）、日美歐三邊委員會、羅馬俱樂部（Club of Rome）等都是隸屬於這其中。

陰謀史學家認爲，這些組織表面上看起來都是進行公開活動，但背後卻是光明會超祕密結社的基層組織。關於這些組織，讀者可以參考《陰謀世界史》一書。總而言之，這樣的組織已然形成了一個「權勢集團」。人們懷疑是否由一小撮菁英團體進行操控，答案也顯然易見。

庶民們怨恨只有這些有權有勢的財團或財主才能享有特權，當這樣的情緒逐漸偏

❿フリッツ・スプリングマイヤー『イルミナティ　悪魔の13血流――世界を取奪支配する巨大名家の素顔』太田龍監訳，KKベストセラーズ，一九九八。

激，相關的陰謀論就隨之出現。光明會即是其中帶著神話色彩的版本。而光明會意象的祕密結社盛行，或許就像是現代版的都市傳說。結合了外星人與幽浮，如同無處不在的光，貫穿過每一個時空。

骷髏會

每一個團體都有可能是祕密結社

骷髏會圖像。

現代的陰謀論認為，每一個菁英份子組成的團體都可以看到光明會的影子。這是史實，抑或偏激的臆斷，難以辨明。總之在這樣的團體中，確實可以看到祕密結社的基本要素。無論是同夥一道喝酒的激辯會、瑜珈課程，都有可能形成祕密結社。

大學、研究單位、公司等群體的組織中，總有某些不爲人知的部分。沒有一個組織是完全透明的。我們知道，或許在市公所或公司企業內部，也有些人相互勾結，策謀進行貪污等事件。

骷髏會

因爲前後出了布希父子兩任總統，骷髏會（Skull and Bones）這個團體突然之間受到矚目。看到骷髏頭和X形的骨頭，就會想到海盜旗的標誌。關於這個可怕的名稱，有人說這是美國菁英份子的祕密結社，也有人認爲這不過是耶魯大學一群天眞的大學生組成的社團。或許兩者都是吧。每一個大學都會有學生社團，也有可能藉由團員中的關係，發展出陰謀性的勢力，組織成祕密結社。

骷髏會成立於一八三二年，是羅素（Russell）將軍與艾爾方索．塔夫脫（Alphon-so Taft）在耶魯大學組成。艾爾方索的兒子即是威廉．塔夫脫（William Howard Taft）總統。羅素是羅素企業（Russell And Company）的幹部。羅素家是波士頓的名門望族，因販賣奴隸及鴉片走私致富。據說當時即是以骷髏和骨頭爲旗幟。而這個旗幟，過去聖殿騎士團也曾使用過。

也有陰謀史學家認爲骷髏會並非始創於耶魯，而是源自於德國。而這個德國的結社就是光明會。

總而言之，一八三二年設立於耶魯大學的骷髏會，在一八五六年以羅素信託（Russell Trust）之名成立公司組織。並在紐約的聖羅倫斯河一帶組織社團，每年召開例會。

其他的大學也有類似的學生祕密社團，像是普林斯頓的長春藤俱樂部（Ivy club）、小屋會（Cottage club），以及哈佛大學的坡斯廉俱樂部（Porcellian club）等，耶魯也有狼首會（Wolf's Head）、捲軸鑰匙會（Scroll and Key）等其他社團，但其中骷髏會爲菁英之最（最重視血緣與財富）。

骷髏會每年接受十五名入會者。新加入的會員稱爲騎士（Knight）。會員幾乎都是從二十至三十個名門世族中挑選出來的。在美國沒有貴族，但取而代之是暗中選出權勢集團。骷髏會即是爲了這個目的而運作。這個集團的會員自成一個「等級」，與該等級內的對象通婚，彼此之間形成姻親關係。

集團中的會員稱爲Bonesmen。這些Bonesmen組織了一個政治性、經濟性的網絡。羅素信託的財政由小約翰・Ｂ・馬登管理，而他同時也是布朗兄弟哈里曼銀行的共同經營者。這個銀行是一九三三年，由布朗兄弟公司與Ｗ・Ａ・哈里曼公司合併而成的大企業。馬登在這家公司的上司是普里斯科特・布希（Prescott Bush），是喬治・布希（George Bush）的父親，美國現任總統小布希的祖父。布希家族的三代，都是Bonesmen。

之後約翰・克里（John Kerry）與小布希角逐總統大選，骷髏會再度成爲熱門話題。因爲兩人都曾是Bonesmen。克里過去就與布希家有淵源。一九八〇年代老布希總統捲入國際商業信貸銀行ＢＣＣＩ弊案時，負責調查的就是由民主黨克里議員組成的委員會。據說這項調查後來無疾而終，也是因爲波士頓的骷髏會人出面制止克里委員會繼續追查之故。

而摩根與洛克斐勒等大財團，也和骷髏會有極深的關係。許多Bonesmen在美國財經界，都擔任極重要的角色。

陰謀史學家認爲，骷髏會與企圖控制全球的「新世界秩序」陰謀論有不可分的密切關係。成爲這個集團的會員，是進入ＣＦＫ、比爾德堡團、三邊委員會的第一步。

這意味著，骷髏會是美國東部權勢集團的祕密組織，其目的在成就光明會「新世界秩序」的終極目標。

就這樣，骷髏會陰謀論在一九八〇年老布希總統選舉時，引起廣泛討論。當時也出來參選的陰謀史學家林登．拉羅奇（Lyndon Larouche），曾抨擊布希參與骷髏會的陰謀策劃。他將骷髏會喻爲劍橋大學的使徒會（Apostles）。有關於使徒會，讀者可以參考拙著《陰謀的世界史》、《間諜的世界史》。在使徒會中曾流傳過蘇聯密探團體潛藏其間的醜聞事件。

中情局與骷髏會之間也有密切的關係，充滿濃厚的耶魯色彩。而且小布希的政府幕僚有許多位Bonesmen。有趣的是，布希政權雖然多次被史學家攻擊與陰謀者、祕密結社相勾結，但布希政權本身卻也陷入與假想敵「惡棍之國」對立的陰謀論中，彷彿在世界上每一個角落都嗅到了密謀詭計的氣味。

而我們從「骷髏會」可以學到的是，像大學、研究單位、學生社團等，這些組織看似不起眼，但並不表示它與祕密結社毫無關係。對於這些團體，我們必須重新探討，它們究竟是怎樣的一個組織。

新興宗教的時代

現代新興宗教的構成條件

查閱字典cult這個字，有儀式、崇拜、信仰、流行、狂熱、禮讚、僞宗教等意義。從一九六〇、七〇年代起，常有新興宗教小團體出現，後來就稱這些小團體爲新興宗教（cult）。而其思想傾向則稱爲「新世紀思維」。

詹姆士·雷巴（James J. LeBar）在《新興宗教、異端與新世紀》⓫中，指出新世紀的新興宗教有五項特徵：

一、組織的領導人深具魅力，比神本身更能吸引信徒。

二、有一套吸引年輕人的模式，並私下要求入會，但並未表明，入會後對領袖要絕對服從，沒收所有財產。

⓫Lebar, James J., *Cults, Sects, and the New Age*, Our Sunday Visitor Publishing, 1989.

三、在極快的時間內舉行入會儀式，讓人沒有思考的餘裕，也來不及回去與父母家人商量。

四、一旦入會，就很難退出。如果有人想要退出，就會在精神、肉體上施以處罰。

五、信徒集聚的資金運用方式非常神祕不予公開，由領袖任意揮霍使用。

這些條理與奧姆眞理教非常吻合。同時，也發現這些條件也非常具有祕密結社性質。也許新興宗教，也是祕密結社的現代表現型式之一吧。

雷巴指出，雖然宗教性的新興團體，就某種意義上人們是比較容易了解的，但是在現代社會中，許多乍看之下並非宗教性的團體，也應用了其方法與準則。換言之，新興宗教已經企業化了。因此出現了很多啓發人類內在的潛能，如療癒、政治、商業等新興團體。

在彼德·赫南（Peter Hounam）與安德魯·霍格（Andrew Hogg）合著的《祕密的新興宗教》⑫中，將宗教比喻爲企業。而學校有時也像是一個宗教團體。現今的時代，連瑜珈教室或商業學校都如同一個新興的宗教團體。

包伯·拉森（Eob Larson）在《新興宗教》⑬書中，將新興宗教分爲三類，即類基督教、個人性新興宗教（personal cult）、超自然宗教（occult）／神祕新興宗教（mystic cult）。類基督教當中，包括神的基督徒（Christian of God）、基督教科學派（The Churchop Christ）、耶和華見證人、摩門教、統一教等。

個人性新興宗教崇拜的是某個具有神授能力的領袖。包括了以達斯（Baba Ram Dass）、格魯傑夫（Gerogei Ivanovitch Gurdjieff）、賽巴巴（Sri Sathya Sai Baba）等爲中心的新興宗教。

至於超自然宗教／神祕新興宗教，是建立在非基督教的信仰上。因爲重視神祕超自然的能力更甚於原理教義，有陷入法術等危險範疇之虞。拉森在《新興宗教》書中，將薔薇十字、山達基、神智學、印度靈教、幽浮學以及日蓮正宗（創價學會）都列入神祕新興宗教之類。當然，這樣的歸類並非絕對性的。不管哪一種分類分式，都會有跨越不同類別的新興宗教。

---

⑫ Hounam, Peter and Andrew Hogg, *Secret Cult*, Lion Hudson Publishing, 1984.
⑬ Larson, Bob, *Larson's Book of Cults*, Tyndale House Publishers 1984.

總而言之，始於七〇年代，有「新世紀」思想傾向的新興宗教中，出現了許多非基督教、非西歐、反社會性的組織。或許是因爲這樣，才會大大加深了祕密結社色彩吧。而新興宗教時代中，發生在蓋亞那（Guyana）人民寺院的集體自殺案例，以及奧姆眞理教的殺人事件，都是走向悲劇盡頭的宗教事件。

恐怖組織

恐怖主義的結社

班森的著作《祕密結社的內幕》⓮，是一本祕密結社事典，爲反映當代現況，最近將「恐怖組織」（Terrorist Group）也列入爲其中項目。從二十世紀後半，祕密結社與新興宗教、恐怖主義就脫離不了關係。以至於傳統將祕密結社分爲入會（儀式）性、政治性、犯罪性的分法，已經不適合用於現代。因爲由宗教上的基本教義派引發的無條件爆炸事件，已經無法歸類於宗教、政治或犯罪的其中某一部分。

現代的恐怖主義究竟是怎麼一個思想呢？它與祕密結社之間又存在著什麼關係？韓德森在《全球恐怖主義——完全參考指南》（二〇〇一）中有很精闢的歸納。他表示，恐怖主義心理學中最重要的，是團體意識。恐怖主義必須爲了利他主義而犧牲自己，然後殺掉組織的敵人。藉著服從組織的命令超越自我。

恐怖主義也可以單獨實踐。例如甘迺迪暗殺案件被認爲是由奧斯華單獨犯案，但是恐怖組織要表達對社會的任何抗議，仍需要組織性的宣傳活動。

那麼恐怖組織究竟是怎樣的團體呢？韓德森介紹了研究恐怖主義對策專家詹姆士·弗雷茲（James Frazer）的調查結果。恐怖主義團體是一個金字塔型的組織，由頂端的少數幾名領袖來統御。其下是稍大一點的組織，爲攻擊小組。再往下是積極的支持小組，負責情報搜集、看守警戒，並協助攻擊小組的遷移，提供藏匿之處。最底層是被動性支持小組，贊同恐怖組織的目的，支持他們的行動，並提供所需用的資金。

韓德森對於以上的組織結構表達了不太一樣的看法。他認爲幾乎所有的恐怖組織

⑭ Benson, Michael, *Inside Secret Societies*, Citadel Press Books, 2005.

都是五十個人以下的小型團體。因此未必有明確的階級之分，個人也不見得有明確的職務劃分。

恐怖組織必須隱藏自己的存在與行動。因此會再分爲大約五人以下的小組，稱爲「細胞」。每個人都只認得自己細胞小組的成員，而只靠細胞小組的組長負責對外與其他組長連繫。遇到作戰的情況，細胞小組結合成一個小隊（column）。因爲每個人都只認識自己小組的成員，即使被逮捕，最多也只會犧牲這個小組。

但是細胞制度的缺點，就是眾多小組難以共同行動。而且當一個小組遭到逮捕，也很難立即將危險訊息傳達給其他小組。據說愛爾蘭共和軍（IRA）也是採用這樣的細胞制度。因此，由於下部組織無法直接與上部指揮部連繫，在指令執行遇到問題時，也無法向指揮官反應狀況。

如此，恐怖主義團體因爲看不到整體的運作狀況，通常無法像正規軍隊一般，在領導者的指令下井然有序地行動。

此外，韓德森也指出，一般說來，恐怖份子團體雖然都比正規軍隊更重視倫理，士氣也較高昂，但是欠缺一套有系統的訓練制度。

因此，恐怖份子需要祕密的組織。而一九七〇年代起，宗教狂熱開啓了「新恐怖主義」時代。他們不像過去的恐怖組織，爲了達到政治性或社會性目的而行動；新恐怖主義一般說來並沒有明確的目標，但對社會破壞無遺。就結果而言與恐怖組織並無不同。如九一一事件就是典型的例子。韓德森認爲，像奧姆眞理教、大衛教派（Branch Davidians）、天堂之門（Heaven's Gate）等新興宗教的事件，都是屬於恐怖份子的行動。

班森在《祕密結社的內幕》一書中提到的「恐怖組織」，包括蓋達組織在內的幾個伊斯蘭激進組織，以及奧姆眞理教。將奧姆眞理教與蓋達組織及ＩＲＡ、哈瑪斯（Hamas）、日本赤軍一起併爲一談，對日本人而言或許有點不能苟同，然而在歐美的恐怖主義研究者看來其實都是一樣的。

ＦＢＩ將美國國內的恐怖組織分爲三個範疇，即左翼、右翼與特定目的。並視宗教性的異端爲無領袖抵抗團體（leaderless resistance），也等同於恐怖組織。所謂的無領袖抵抗團體，是由上級下令對抗某個對象，或攻擊敵人；至於具體的計畫與執行，則交由下部組織自行完成。上級下令「除掉它！」接下來該怎麼執行，就是各自的責任了。如果有什麼狀況發生時，上級就會表示是部屬自己的行爲，與上級無關，就像是蜥蜴斷尾求生的法則。

犯罪性的祕密結社黑手黨

由西西里島到美國

黑手黨（Mafia）是源自於西西里島的組織，傳至美國，成爲犯罪型的祕密結社、組織犯罪的代名詞。並且用以區分俄國黑手黨、歐洲黑手黨等。

據說「Mafia」一詞，原本是具聲望之男子的意思。雖然是個無賴漢，卻仗義行俠，濟弱扶貧。但是組織化後，犯罪集團的色彩愈來愈濃厚。十九世紀中葉後，開始出現了「黑手黨」一詞。雖然有些古老的、神話的起源之說，但是到十九世紀末之後，才有較明確的歷史紀錄。

起源於西西里巴勒莫（Palermo）的黑手黨，最初是地方性的農村組織。並未經過統一，是一種血緣性的「家族」組織，也是隨著都市化、工業化、近代化而一起演變的自衛團體。十九世紀末，以主宰西西里地區的黑社會組織而聞名。

十九世紀中葉開始，許多的義大利人移民到美國，並且在美國成立了類似西西里黑手黨的組織。這些美國黑手黨，雖然受西西里黑手黨的影響，但實際上或許較接近美國本土新興的組織。當時美國已受愛爾蘭及猶太犯罪集團操控，義大利人爲了與之對抗，組織了黑手黨。因此，在這個環境下，必須倣效愛爾蘭、猶太的犯罪集團的組織，成立一個現代化的黑手黨。

一九三〇年代，黑手黨贏得了這場黑社會之戰，在禁酒法時代，握有美國的黑社會操控權。一九三一年，他們成立了黑手黨帝國，將美國全境分爲二十至三十個地區掌管，並從私釀酒、大麻、賭博等管道大獲其利。據悉黑手黨帝國是由二十四個「家族」所組成，形成一個「教父」（god father）的社會。

一九三〇年代，義大利的犯罪集團開始被冠上「黑手黨」的代號。FBI稱他們爲「La Cosa Nostra」。而一九七〇年以後，就正式不再使用「Mafia」、「La Cosa Nostra」等名稱，或許是要淡化犯罪組織中濃厚的義大利色彩吧。

黑手黨與共濟會

黑手黨有一個祕密戒律，即「緘默幫規」（omerta）和入會儀式，具有祕密結社的型態。雖然一般認爲黑手黨的入會儀式是起源於古老的中世，但事實上，黑手黨的成立與儀式都是近代的產物。約翰·迪奇在《黑手黨的歷史》⓯書中表示，黑手黨的儀式是模倣共濟會而來的。

共濟會在一八二〇年，由法國經由拿坡里傳入西西里，然後發展成後來的燒炭黨。黑手黨是倣效共濟會的祕密組織。至於爲什麼組織需要入會儀社，就如前章所述，是爲了吸引年輕人加入。複雜的儀式與位階制度，可以不斷招攬新人入會。

另一方面，祕密結社中也具有會員友誼互助的目的。黑手黨要超越地區組織，就必須像共濟會一樣發展國際性的網絡。尤其是當義大利人移民到美國，與其他不同國家的組織往來時，更需要彼此之間的團結與互助。

黑手黨與共濟會之間的關係，因爲一九八〇年代初期的P2事件再次受到關注。一九八二年，義大利的著名銀行家羅貝多·卡爾維（Roberto Calvi）被發現吊死在倫敦的一座橋下。而這個事件使得潛藏在梵蒂崗教廷中，卡爾維所屬的P2（Propaganda Due）的共濟會集會所曝光。詳細的經過可參考拙著《間諜世界史》[16]。而卡爾維與黑手黨、共濟會有所關連，再加上一些與梵蒂岡、CIA、KGB牽扯在一起的複雜怪異的事件，讓人不禁感覺到，即使到了現代社會，祕密結社仍然隱藏在某個不爲人知的地方暗中活動著。

中國的祕密結社

由「教」發展成「會」

有關中國的祕密結社，可以參考拙著《龍之家譜——中國的祕密結社》[17]。近代中

[15] Dickie, John, *Cosa Nostra: A History of the Sicilian Mafia*, Coronetbooks, 2004.
[16] 海野弘『スパイの世界史』文藝春秋，二〇〇三。
[17] 海野弘『ドラゴンの系譜——中国の秘密結社』福武書店，一九八九。

國最具代表性的祕密結社是三合會。雖然也有神話般的起源說，但我個人認爲三合會與黑手黨一樣，都是十九世紀的產物。在十九世紀，祕密結社有極大的轉變。簡單地說，應該是由「教」發展成「會」。亦即由宗教性的派別（教・門），轉變成政治性的團體（會・黨）。前者的代表是白蓮教，後者的代表則是三合會。會，是較世俗性的團體。而「拜・盟」中，友誼、互助性質更加強烈。

傳說中三合會是源起於福建省福州九連山的少林寺。原本是白蓮教中的一個支派，清朝時因受到打壓而潛藏地下。一八五〇年，洪秀全發動太平天國，引起動亂。當時北方有稔黨、南方有三合會紛紛起義與之呼應。

三合會是一個具九個位階，並有入會儀式的祕密結社。

一旦成爲會員，就要遵守三合會的會規。如果給外人（非會員）看儀式相關的書本或會員證，就要切斷兩耳、鞭打一百零八下。碰到弟兄（會員）有困難時，也有金錢借貸的義務。

此外會員爲了保密，必須使用暗語與密碼。例如稱鴉片是雲遊，茶是青

蓮，酒是家和，船是平，手是五爪龍，而切斷雙耳則稱爲洗臉。（海野弘，《龍之家譜——中國的祕密結社》）

三合會的活動主要以廣東爲中心。但是與太平天國的聯合並不順利，以致最後陷入孤立，再次地下化。

十九世紀末，祕密結社復甦。北方的義和團，南方的哥老會也開始活動。令人玩味的是，日本的支那浪人平山周，居間聯絡哥老會與三合會，協助孫文的革命黨，並整合其中的合作關係。在中國革命的初期，祕密結社扮演了相當重要的角色。

一九二〇年代，勢力漸強的青幫、紅幫脫離哥老會獨立。幾個祕密結社各據一方；三合會的勢力在南部，哥老會在揚子江上游的西部一帶，青幫則占領了揚子江下游以上海爲中心的地區。

一九三二年七七事變後，中國的許多祕密結社紛紛發展爲抗日組織。其中蔣介石與青幫有深厚的淵源。

第二次世界大戰結束，中華人民共和國成立，蔣介石退守台灣。而同時祕密結社也分散至香港、台灣、東南亞等地。但這並非表示祕密結社的勢力不再，在緬甸、泰國、寮國、中國境內的「金三角地帶」成了鴉片的生產地，而以此中心的三合會大麻組織也於一九七〇年代發展成型。

文化大革命之後，紅衛兵由香港流入美國，組織了「大圈仔」暴力集團，大肆掠奪美國唐人街地區。

中國的祕密結社如今已經復活，不再是傳說。他們散布於世界各地。甚至，在原本應該遭到驅逐的中國境內，似乎也又再度復活。根據何頻、王兆軍的著作《黑社會——震動中國的集團犯罪》⑱一書表示，一般統計，在一九九〇年，中國大陸總共有五百多個幫會（祕密結社），然而實際上似乎超過這個數目。

該書提到，過去的祕密結社中，有一部分是民眾的反動組織，即所謂的「替天行道」，不像現在幾乎都是追求私慾的獲利集團。

哈定在《祕密結社》書中寫了這一段有趣的內容：

> 共濟會與想像性的光明會，都是隱藏在某個事件背後的想像組織；中國的

祕密結社的陰謀卻不相同，是一個明確可見的歷史事實。

共濟會與光明會是虛幻性的，三合會則是存在於現實中。或許是因爲三合會 dragon syndicate（龍之集團）的足跡，已遍布在世界各地了吧！

⓲何頻、王兆軍『黑社会　中国を揺るがす組織犯罪』中川友訳，草思社，一九九七。

第六章　現代的祕密結社

祕密結社爲何存留至今

祕密結社書籍的盛行

近來，有許多一般性的祕密結社書籍，在歐美地區受到大眾的矚目。例如《達文西密碼》之類以祕密結社爲題的小說，經常登上書店的暢銷排行榜，引起人們熱切的關注。

例如哈定的《祕密結社》、班森的《祕密結社的內幕》，以及邁可・布萊德利（Michael Bradley）的《祕密結社便覽》（*Secret Societies Handbook*）等書，都是將祕密結社以字母順序排列，加以解說的事典。而這些事典都在二〇〇五年出版。雖說是事典，但並非大型著作，而是適合一般讀者閱讀的讀物。可以由此了解，一般大眾對祕密結社也許都感到相當好奇吧。

《祕密結社便覽》中，有許多插圖及照片，文章非常簡短。來看看寫在封面內側的內容宗旨：

「菁英祕密團體往往具有對社會極大的影響力。」他們擴大自己的權力，不久開始策劃破壞社會。「他們的操控已經開始啓動。」祕密集團似乎企圖傾覆道德與家庭組織。

「這本書檢視了二十一個祕密、破壞性的組織。並根據鉅細靡遺的資料，揭示了歷經五個世紀，這些祕密組織如何操縱了世界的經濟，引發戰爭，爲了達到新世界秩序的目的，巧妙地控制著權勢的均衡。」

這雖是常見的陰謀史觀，但類似的祕密結社書籍仍一本接著一本地問世。這或許意味著，許多人似乎已陷入了某種偏執的妄想中，想像著這世界的背後，藏著一雙看不見的手，在暗中操縱著一切。

這本書中提到的組織，包括了亞薩辛（暗殺教團）、比爾德堡團、波希米亞俱樂部、羅馬俱樂部、外交問題協議會（CFR）、艾塞克斯派（Essex Junto）、共濟會、黃金黎明、光明會、聖殿騎士團、三K黨、黑手黨、MJ—12（Majestic Twelve）、主帆會（Mainsail）、主業會（Opus Dei）、骷髏會、錫安會（Priory of Scion）、薔薇十字團、圓桌武士、三合會、三邊委員會。其中幾個主要的團體已經介紹過，其他像比爾德堡團、波希米亞俱樂部、羅馬俱樂部、CFR、圓桌武士、三邊委員會等，都是歐美的菁英組織。約翰．科曼等陰謀史家，都認為整個世界長久以來一直受到這些菁英份子所操縱。

艾塞克斯派是十九世紀初期，為反抗傑佛遜政策（美國獨立宣言），所組成的菁英團體。為什麼會被認為重要的祕密結社，我個人不是很了解。

MJ—12，是隱藏幽浮祕密的一個組織。據說NASA曾經發現外星人，卻未對國民公開。而外星人及CIA彼此勾結，暗中策劃某些陰謀。

至於主帆會，雖然很少在其他書中出現，是十五世紀時德國的學生出門旅行時，為了避免遭強盜襲擊所組成的自衛團體，據說一直延續至現代。

主業會來自天主教會中的祕密結社，一開始即受到注目，而揭露組織內幕的書籍也一本接著一本地推出。

錫安修道會因《聖血與聖杯》（*The Holy Blood and the Holy Grail*）名噪一時，而該修道會與《達文西密碼》也有相關。這一點後面會再詳述。

總而言之，《祕密結社便覽》認為這些祕密結社至之仍操控著整個世界。為什麼身在現代社會，人們還要爲過去的歷史遺物擔憂不已呢？

透明與陰謀

根據哈利．韋斯特與陶德．山德斯編著的《透明與陰謀》❶書中所提，現代社會中，人們愈來愈重視透明、公開。也要求政府與企業的資訊必須透明化。

然而詭譎的是，在世界逐漸邁向透明化的現代社會中，陰謀問題卻同時產生。隨著社會的透明化，理當不應再有祕密存在，但是爲什麼反而有增無減呢？

「透明」一詞開始廣泛使用，是在冷戰結束及柏林圍牆倒塌時期。後冷戰時期老布希總統提出了「新世界秩序」口號。這是一九九〇年時期。但是這個名詞不久之後，就成了操控世界大陰謀的代名詞，陰謀史觀橫行全球。現代的美國境內，各樣陰謀論、流言蜚語與謠傳充斥其中，造成了偏執妄想的現象，極可能促使偏激新興宗教由

❶West, Harry G. and Todd Sanders, ed., *Transparency and Conspiracy: Ethnographies of Suspicion in the New World Order*, Duke University Press, 2003.

此而生。

本書將「透明」定位爲近代產物。在近代的光亮中，社會逐漸透明化。然而角落仍有幽暗之處，即陰謀的部分。光明會是一個光明的啓蒙開端。但是如果從光亮未照射到的角度看來，或許那樣的光明才是破壞世界的元兇。

冷戰後，美蘇對峙瓦解，東歐鐵幕落下，世界的藩籬理當消失。然而另一面圍牆卻又隨之豎起。布希（父子）統治的美國，要求「惡棍之國」透明化，並以伊拉克藏有核子武器爲由，對其出兵攻擊。看來，美國似乎也陷入陰謀論的臆想世界中。

隨著政治與經濟的全球性發展，呈現的方式也愈來愈透明化。相對地，那看不見的祕密部分，似乎也愈加放大。

例如隨著國際政治的複雜化，情報機構也愈加巨大化，產生了中情局及KGB等祕密組織，進行暗中作業。人們也開始築構一套陰謀論，認爲所有的事件背後，都有中情局不爲人知的手暗地操縱著。

有意思的是，像情報機構這種近代的組織，卻有共濟會或光明會等古老的祕密結社的影子投射在其中。所有的事物都是層層相關，至今都仍然存在。這一點，完全符合了陰謀論的原則。

我們也發現，所謂的近代化，並非是一元化的，以單一思想爲主流。近代化是多樣化的，並且有許多脈絡。「新世界秩序」是一元化思想，對此，各個民族懷疑這代表著一個極權主義，單一化的陰謀。

全球性的近代化原本發端於西歐，到了現代則以美國爲代表。於是，這讓地方性的思想噤口沉默。或許，陳舊的中世祕密結社亡靈橫行於現今，其實是一種反抗的表現吧。

布希政權之下的美國，懷疑「惡棍之國」的陰謀，而其他諸國則懷疑美國的「新世界秩序」陰謀。互相的疑惑對映之下，顯現出祕密結社的影像。

對祕密結社的關心態度有兩種極端。一是如《祕密結社事典》中可見的，以敵對的態度，將祕密結社視爲一個外來的、在暗中策劃陰謀、看不見的敵人。另一個看法，認爲祕密結社是一個友誼性、救濟性的團體，也是具有療癒醫治人們心靈的新興宗教團體。

如此看來，陰謀與治療（therapy）或許是一體兩面。如奧姆眞理教等組織，除了主張Armageddon（《聖經》中世界末日善惡決戰的戰場）世界末日的陰謀，並以從中得到救贖爲目的。人們雖然恐懼於未見的事物，卻又不斷受到其中的吸引。

珍·克馬羅夫（Jean Komarov）與約翰·克馬羅夫（John Komarov）所寫的《透明的虛構與自由想像力的陰謀》，可說是《透明與陰謀》的總結。文中提到斯拉沃惹·紀傑克（Slavoj Žižek）的論述，認爲現代所謂透明的意義已經改變了。過去的透明化，代表近代技術的發達；就像最基本的骨架時鐘一樣，可以看到透明的外觀下，內部的運作結構。但是後現代時期則相反，電腦的螢幕傳達全球的資訊，但是我們卻無法看到螢幕背後的結構機制。

這與文史學家艾倫·卡賓（Alain Corbin）的論點相符。他認爲現代的世界處於一個平面化的時代，最新的資訊即時流過眼前，但背後卻缺少了深度意義與歷史脈絡。

我們從電腦明亮的螢幕看到平面化的訊息，不見其背後的結構。換句話說，我們看到的只有螢幕畫面。全世界的資訊可以同時進入眼中，但我們卻仍然對隱藏於背後的黑暗勢力惴惴不安。於是我們懷疑，螢幕所呈現的也許並非全貌，事實上，不是我們正在看什麼，而是有某些人迫使我們去看那些資訊。同時，這些人也隱藏了眞正的事實。

祕密結社知道這個祕密。我們轉動著螢幕，想要探究它背後的祕密世界，就像愛麗絲穿過鏡子，進入不可思議的國度一般。

祕密結社虛幻世界

安伯托．艾可的《傅科擺》

這本書的內容，一開始只是個遊戲，後來主角卻因此牽涉到重大的祕密，被打入不見天日的世界中。這雖然是一般陰謀／祕密結社小說常見的構想，到了現代，卻無法清楚釐清現實與幻想、事實與虛構的界線何在。陰謀史觀的書籍自古就存在，但總是擺在書店裡不起眼的角落，不像現在堂堂登上最顯眼的平台上。漢卡克的《上帝的指紋》等書應該就是該類書籍的先驅吧。

而古色蒼茫的祕密結社書卷，突然之間抖落了身上的塵埃與黯淡，搖身一變成爲現代小說。而這個風潮的先驅，就是安伯托・艾可的著作《傅科擺》❷。

這本書的主角是在米蘭某出版社工作的卡素朋、貝魯勃、狄奧塔雷威。有一天，貝魯勃打電話給卡素朋，表示自己被追殺。並表示那個陰謀是眞的。貝魯勃他不知道發生了什麼事，他接著說：「不用說，這一定是聖殿騎士團幹的。你一定無法置信吧。但這全都是眞的。他們認爲我身上有那張地圖，就跟蹤我，硬是把我帶到巴黎。」

貝魯勃說他已經將所有的祕密都記在電腦裡了，只要看了就知道。說完後失蹤了。三人因爲對聖殿騎士團的歷史感到好奇而著手調查，不料後來卻似乎觸碰了危險的祕密。

這時候阿爾定提將軍出現了。他原本是法西斯主義者，正在法國調查聖殿騎士團相關事蹟。他認爲聖殿騎士團現今仍然持續策劃著征服世界的陰謀。不久出現了希納路奇亞祕密結社，這似乎是一個如同「新世界秩序」，企圖掌握世界權力的組織。而他們對於聖杯或是薔薇十字，都添加了各式神祕理論的妄想偏執在其中。

關於祕密結社，艾可說：

我十分了解所謂的祕儀傳授，絕對沒有結束的時候。就算將宇宙當做是一個洋蔥，一層一層剝開，這個洋蔥也是從裡到外都是皮。你可以將宇宙想像成一個無限大的洋蔥。這個洋蔥不管剝開哪裡，都可見芯。但是在它周邊，卻什麼都沒有。（《傅科擺》）

祕密結社不斷地擴張位階，祕儀傳授（入會式）也隨之增加。就像洋蔥的皮再怎麼剝，裡面都還有許多層，是沒有止境的永久活動。這一層的裡面還有下一層，永遠無法到達中心的虛空世界。

習得眞正奧祕的人，就了解到其實最大的祕密，就是祕密的中心是空無一物的。爲什麼要這麼做呢，如此一來不管是什麼敵人，都不能逼他招出祕密的眞相。並且無論是怎樣的信眾，都無法從他們手中去除這個祕密。（參照

❷ウンベルト・エーコ『フーコーの振り子』藤村昌昭訳，文藝春秋，一九九三。

前述著作）

貝魯勃所發現的聖殿騎士的「祕密」，其實就是一個空心的祕密。但是，深信其中必有某些內幕的夥伴們開始騷動，並策劃了陰謀。而將所謂的「祕密」記在電腦，是一個象徵性的意義。意味著這個虛擬的現實，事實上只存在於電腦中。

艾可這部預言性的創意小說，描寫存在於電腦中虛擬的「陰謀」及「祕密結社」，深獲讀者們的喜愛，造成極大迴響。然而有一點，是當時尚無法預測到的，即網際網路這個新興媒體的發展。網路的普及，使得電腦中的虛擬祕密結社爆發性地增長。

丹．布朗的《達文西密碼》

二〇〇三年，一部新的「祕密結社小說」推出，引起眾人矚目，成為全球暢銷書。即丹．布朗的《達文西密碼》❸。同樣是以聖殿騎士團等的神祕宗教雜學，錯綜複雜地架構了書中內容。與《傅科擺》相較，密度稍顯鬆散，但是更大眾化。加上流行的「聖血與聖杯之謎」學說，可說是一大特色。

在這本書扉頁，一篇「事實」的前言中寫道：

錫安會是一個確實存在的組織，是一個成立於一〇九九年的歐洲祕密社團。一九七五年巴黎國家圖書館發現了一份《祕密卷宗》的羊皮紙文獻，才知道包括艾撒克・牛頓爵士、波提且利、雨果和達文西等眾多人物均爲錫安會成員。

人們所知的「主業會」是一個梵蒂岡教派——一個極度虔誠的羅馬天主教派。該教派近來引起了諸多爭議，因爲有報導說它實施了洗腦、高壓統治和一種稱作「肉體苦行」的危險修行方法。主業會耗資四千七百萬美元剛剛在紐約市萊辛頓大街二三四號建成了自己的全國總部。

本書中所有關於藝術品、建築、文獻和祕密儀式的描述均準確無誤。

❸ダン・ブラウン『ダ・ヴィンチ・コード』越前敏弥訳，角川書店，二〇〇四。

這顯示這本小說是根據事實所寫。但是，小說中有一個地方並非屬實。

我們來看看《達文西密碼》的核心——錫安會是怎樣的組織。書上寫道於一〇九九年創立，但實際上是一九五六年之後才在歷史中陸續出現。在貝傑克、理查・李、林肯（Henry Lincoln）的《聖血與聖杯》❹一書出版之後才爲眾人所知。這本書與皮克涅與普林斯（Lynn Picknett & Clive Prince）合著的《抹大拉與約翰的祕密——雙面耶穌》❺，都是《達文西密碼》的立論根據。

在此簡單地說明《聖血與聖杯》的理論觀點，它是以抹大拉的馬利亞的傳說爲主軸。抹大拉的馬利亞原本是妓女，人們都認爲她是罪孽深重的女人。然而傳說這一切都是天主教會的陰謀。而法國的墨洛溫王朝（Merovingian），其實是她的後代子孫。這個血脈承襲著一個與聖殿騎士團有密切相關，名爲錫安會的祕密結社。所謂的聖杯，即意指聖潔之血。

第二次大戰後發現的《祕密書卷》中，有記載著錫安會歷代領袖的系譜。牛頓及達文西的名字也列在其中。這份書卷是否足以採信呢？當我看到最後一任院長的名字是尙・考克多（Jean Cocteau）時，不禁啞然失笑。無法想像尙・考克多竟然是祕密結社的領袖。這該不會是作者開玩笑寫的吧！或許尚・考克多自己也參與其中一起開這個玩笑？

系譜中出現了達文西的名字，這給了皮克涅與普林斯一個想法，於是兩人聯手合著了《抹大拉與約翰的祕密——雙面耶穌》。根據該書的說法，聖殿騎士團與錫安會是逃往法國的抹大拉馬利亞的守護者。而過去人們一直認爲達文西《最後的晚餐》中，在耶穌左側的是約翰，但書中認爲這個人其實是抹大拉的馬利亞。據說在達文西的畫中，隱藏著某些符號，暗示著錫安會的祕儀。

如以上所述，丹・布朗受到許多虛幻想法的刺激，寫下了《達文西密碼》。以小說的角度看來無傷大雅，但如果將它當做史實，則是造成現代陰謀論紛亂之源。

據說在十九世紀末，位於庇里牛斯山東部雷恩城堡（Rennes-le-Chateau）教會的索尼耶神父曾經發現錫安會的古書卷，但不久即遭人遺忘，一直到第二次世界大戰之

❹林和彥訳，柏書房，一九九七。
❺リン・ピクネット、クライブ・プリンス『マグダラとヨハネのミステリー——二つの顔を持ったイエス』林和彥訳，三交社，一九九九。

後才又突然受到關注。並且出現了一名叫皮耶魯・布朗塔魯的男子，自稱是錫安會最後的總長，繼承了尚・考克多之後即無紀錄的領袖一職。他以錫安會發言人之身分接受採訪，提供相關資料。但卻未表達明確的事實。在貝傑克等人著的《聖血與聖杯》書中也有普朗塔魯出現。但詭異的是，這個人據說是新法西斯主義者。我懷疑《傅科擺》中阿爾定提將軍這個角色，就是依普朗塔魯塑造的，而普朗塔魯背後則不時有納粹的色彩浮現。

結果，錫安會這個祕密結社的論述，或許是普朗塔魯捏造的。二〇〇四年二月二十二日的《紐約時報》即指出，這些論述全屬謊言，文中並表示從《聖血與聖杯》到《達文西密碼》中的陰謀史觀，皆是普朗塔魯在國立圖書館中捏造的內容。普朗塔魯是個騙徒，在戰時發起許多反猶太活動，是個法西斯主義者。

不可思議的是，這些書籍介紹到日本的時間已經稍遲，在人們廣泛討論，甚至相關解說書都已出版時，日本還佯裝不知《聖血與聖杯》現今是什麼景況。日本的讀者在這樣的情況下，被迫將二十年前的理論，當做最新的資訊解讀。而過去的陰謀史書就在重新複製之後，在過去與現代中跨行無阻。

網路中的祕密結社

黑暗同盟的傳說

陰謀、祕密結社這些陳舊的活動，在現代社會中驟然復甦，網際網路這個新興媒體可說是發揮了極大的作用。《透明與陰謀》書中收錄了丹尼爾·海林傑（Daniel Hellinger）的〈美國政治中的妄想、陰影與霸權〉一文，其中提到一個人們極重視的事件。

一九九六年，美國加州的《聖荷西水星報》（*San Jose Mercury News*）刊登了蓋瑞·韋伯（Gary Webb）的一篇報導，指出在舊金山充斥著許多由洛杉磯犯罪集團帶來的大麻藥品。而這些交易的款項，都成了中情局支援的拉丁美洲游擊隊的資金。中情局與哥倫比亞的大麻聯合企業、洛杉磯的犯罪集團結盟，共同密商打倒拉丁美洲社會主義的陰謀。韋伯稱之爲「黑暗同盟」（Dark Alliance）。

他希望藉著文章的刊登，讓人們能夠去調查這個祕密同盟。然而各大報社對於這則報導顯得興趣缺缺。但非裔的美國人開始議論紛紛。即使如此，大型報社仍無意介入處理，而韋伯的這篇報導也被視爲毫無根據的假說。

如此，雖然人們認爲這則報導或許就此沉寂，但《水星報》卻將它登上國際網站上。這個行動使得這個報導如火焰般延燒至全國。這個網站平均每天瀏覽的人數有上百萬人。不久這份報紙的發行量就高達三十萬份，甚至也在非裔美國人的廣播 call in 節目中播出。

這個事件使得許多美國人開始懷疑，或許眞有個看不見的政府在暗中操縱著這個世界，並且對這樣的假說非常感興趣。這顯示網路使這個報導瞬間吸引大眾的注目，因爲人們對於「黑暗同盟」非常好奇，亟欲進一步了解。

其他一些勢力團體很快地跟上腳步，利用網路快速的宣傳效果。根據〈新世界秩序中權力的暴露與隱蔽〉（出自《透明與陰謀》）一文可知，右翼的私人軍團利用網路來招募會員、收取捐款。此外還有 Conspiracy.Com、Conspiracy .Net 等網頁，傳播陰謀言論。本書提到過的從薔薇十字到光明會，幾乎所有的祕密結社都有自己的網站。

陰謀論常會侵入種族歧視主義的領域。非裔的美國人，就非常關心以白人爲中心的美國政府陰謀。「黑暗同盟」引起的暴動也是相同的現象。有關非裔美國人的社會陰謀論還有另外一個例子，就是辛普森事件（Orenthal James Simpson）。這件殺妻案，被解釋爲針對洛杉磯非裔警察的陰謀計畫。此外，也有人認爲諸如教堂炸雞（Church Fried Chicken）、布魯克林飲料公司（Brooklyn Bottling Company）等公司，都是三K黨的藏身處。他們利用生產的製品，讓黑人（非裔美國人）食用後造成性無能。

當然，陰謀論不只存在於非裔美國人之間。最廣爲人知的是羅斯威爾（Roswell）事件。長久以來一直有個傳聞，在一九四七年，新墨西哥州的羅斯威爾曾有幽浮墜落，並發現了外星人的遺體，但是美國政府卻對國民隱瞞此事。許多書籍、電影、電視等陸續推出相關內容的產物，堪稱幽浮企業，這樣的熱潮一直歷久不衰。如《X檔案》等影集，就大大受到人們的歡迎。

網路世界的祕密結社

發端於一九九六年的網際網路，在一九九〇年代末期連接起全球的資訊。而宗教性的用途，從九〇年代開始逐漸產生一些問題。一九九七年，發生加州新興宗教「天國之門」集體自殺的事件。據說他們相信末世論，在海爾·波普（Hale-Bopp）彗星來時，會有幽浮接他們前往天堂。

令人關切的是，這個新興宗教從事電腦相關事業，並藉著網路傳教。和奧姆眞理教非常類似。在那之後，就不斷發生透過網路認識，相約集體自殺的事件。

網路爲新興宗教及祕密結社提供了一個極容易形成的環境。即使時空相隔遙遠，但只要透過網路馬上就能夠連線。因此，不論是古埃及神祕宗教，或是中世的薔薇十字，都成了唾手可得的資訊。並且能夠隨時加入各種虛擬的祕密結社。

相對地，電腦中也能夠形成虛擬的祕密結社。新興宗教中，有些具有從教會到內部等實體內容。也有些則是只要輸入密碼就可以進入，享受網路世界裡的宗教生活。

哈定在《祕密結社》的結尾中，列出了祕密結社的網站表——聖殿騎士及薔薇十字（及其他），也包括了一些名不見經傳的結社。一開頭即寫下了以下提醒事項：

> 以下的列表僅供參考。關於祕密結社有許多相關的網站，其中不乏一些瘋狂無理智者。有些是反猶太主義、有些站在右翼宗教的立場，視祕密結社爲

惡魔的組織。許多的網站中充斥著臆測與偏執、欠缺分析的評論。有關網站上一切言論主張，皆與本書作者與出版社無關，本書不負任何責任。

祕密結社的網站，有分爲結社自己的宣傳網頁，以及針對該結社陰謀批評攻擊兩類。總而言之，古代及中世時期的祕密結社，如今也躍上了現代網路的舞台。

在現實中，想要加入祕密結社，其實幾乎沒有什麼機會。但是透過網路，就非常容易接觸。再加上網路上，要自組一個結社也很方便。因此，要搜集古今各國神祕宗教與祕密結社的資訊，加以組合，是非常簡單的。

然而來自於網路的資訊，人們無法判斷虛實。就如哈定所言，有關陰謀／祕密結社網站的內容，他無法對此負責。網路中的祕密結社，就如同《達文西密碼》、《駭客任務》，或像電玩一般，都是虛擬的世界。

這些流行的現代祕密結社，是屬於虛擬、遊戲性的。而哈定將這些祕密結社的網頁資料列出提供讀者參考，並表示內容的部分就不得而知了，所以無法負責。然而有時人們卻忘了這不過是想像虛擬的遊戲，當從網路的結社跌到現實中，待驚覺「原來這不過是場夢」時，或許已經身陷萬丈深淵中。

連塔利班都使用網路

透過網路來傳教或入教所帶來的危險，是一個很大的問題。但是現在，幾乎所有的宗教都離不開網際網路，據說也包括了從前阿富汗的塔利班政府。塔利班禁止人們使用網路，但實際上塔利班政府自己卻使用。據其外交官部長表示，其實並非禁止使用一般網路，只是針對色情或反政府之類的內容加以禁止。❻

然而，在網路世界中單單只選擇一些道德性的資訊來看，是有困難的。即使如此，宗教也不得不使用網路。正因爲這些龐大的資訊良莠不齊，這些新興宗教與祕密結社才能夾雜在其中，並浮出檯面來。

結語

我們追溯了祕密結社的歷史與現代奇妙的復甦。關於祕密結社，人們似乎總是既恐懼又嚮往，懷著兩種截然不同的情感。人們認爲這一股看不見的力量，正威脅著自己與這個世界，終將走向毀滅。是令人驚恐的敵人，也是人們一切苦難與不幸的源頭。

有關於祕密結社的論述，目前爲止大多以此爲方向。這個結合了陰謀史觀的論述。

但是，爲什麼我們會被這樣令人害怕的祕密結社吸引呢？我們心裡某一個角落，有一個矛盾的想法，想要除掉這個恐怖的組織；但有趣的是，另一方面自己心中也潛藏著一股憧憬，希望能夠加入這個可怕的組織。

人爲什麼會在原本所處的社會，轉移到一個被視爲異端的偏激宗教中呢？我想這可說是祕密結社最大的祕密。或許是因爲人們基於友誼的需求，都希望能與他人連結，而祕密結社常常另稱爲兄弟會。這種情形，所組成的是一個無血緣關係的兄弟集團。

至於血緣，祕密結社可說是二極化的。在時間性的系統上，重視的是血脈相承。

---

❻ Hojsgaard, Morten, T. and Margit Warburg ed., *Religion and Cyberspace*, Routledge, 2005.

換言之必須繼承最初的血統，一代一代延伸至現代。繼承所有，也將一切延續至今。但是，若是在同一個空間、同一個時代，則無血緣關係的個人必須聚集，以兄弟手足相待。

如何能跨越自己與他人之間的圍籬呢？我能否進入別人的世界中？所謂的祕密結社，不就是連結起這許多的人們，形成一個友誼的雛型嗎？人們超越自我，嘗試著與他人成爲兄弟。而入會儀式，即意味著自己死了，在他人中重生的儀式。要加入結社，就必須改變自己。

如前所述，祕密結社所吸引的主要都是年輕人。原因是年輕人總是追求改變：世界需要不斷改變；而我也必須有所不同。就是這一份對改變的渴望，他們受到祕密結社的吸引。

網路是個年輕的傳播工具，或許也可以說是年輕人的傳播媒介吧。年長的世代要趕上變化多端的科技是非常辛苦的。但是年輕人不然，就像電玩一般，對於這樣的變化樂在其中。

或許，也可以考慮透過網路，開發一個「陰謀／祕密結社電玩」，做爲年輕族群文化的產品。

我們處在一個求新求變的時代。古老時代已成片斷性紀錄，而古老事物與新事物毫無脈絡地並存於現代。網路串起了這些片斷，並呈現出各種意象與故事。然而內容是眞實亦或虛構，我們不得而知。因爲在虛擬的網路世界中，兩者之間並無分界。

因此，網頁上所呈現的事物，或許是虛構，或許不然。當網路問世後，如玫瑰般美好的夢想就浮現眼前，它似乎無所不能。然而不久後人們就會進入了重新思考的階段。網路並非萬能，還帶著各種的危險，而最後則是美好的可能性與缺點兩相對立的階段。光是網路所帶來的新資訊完全不會產生新的變化，只是將人們輸入的資料呈現在螢幕上而已。因此，結果也是將許多固有的知識片斷拼湊成一個新的樣貌罷了。

對於追求新時代變化的人們，網路上的祕密結社是否也能符合他們的期待呢？這點尚未可知。但是，在網路上我們與他人認識，即反映了人類長久歷史中所累積的各種光亮與晦暗的嘗試。人們在其中相遇，彼此結爲朋友或敵人。而人類社會的巨輪、相連的網路，這無數的結社形態也正是深深吸引我的地方。

國家圖書館出版品預行編目資料

祕密結社的世界史／海野弘著；黃靜儀譯．--
初版．--臺北市：麥田出版：城邦文化出版
家庭傳媒城邦分公司發行，2007.08
面；　公分．--（ReNew；22）
含索引
ISBN 978-986-173-284-8（平裝）

1. 祕密會社　2. 歷史

546.909　　96013904

ReNew 022

祕密結社的世界史

作　　者　海野弘
譯　　者　黃靜儀
協力編輯　陳嫺若
責任編輯　方怡雯

總 經 理　陳蕙慧
發 行 人　涂玉雲
出　　版　麥田出版
城邦文化事業股份有限公司
100 台北市中正區信義路二段213號11樓
電話：（02）2356-0933　傳真：（02）2351-9179
發　　行　英屬蓋曼群島商家庭傳媒股份有限公司城邦分公司
104 台北市中山區民生東路二段141號2樓
網址：www.cite.com.tw
客服服務專線：(886)2-25007718；25007719
24小時傳真專線：(886)2-25001990；25001991
服務時間：週一至週五上午09:00~12:00；下午13:00~17:00
劃撥帳號：19863813；戶名：書虫股份有限公司
讀者服務信箱：service@readingclub.com.tw
城邦讀書花園　http://www.cite.com.tw
麥田部落格　http://blog.yam.com/rye_field
香港發行所　城邦（香港）出版集團有限公司
香港灣仔軒尼詩道235號3F
電話：25086231　傳真：25789337
馬新發行所　城邦（馬新）出版集團
Cité(M) Sdn. Bhd. (458372 U)
11, Jalan 30D/146, Desa Tasik, Sungai Besi,
57000 Kuala Lumpur, Malaysia
電話：(603)9056 3833　傳真：(603)9056 2833

初版一刷　2007年8月
ISBN：978-986-173-284-8
售價：260元